Un bébé, oui ou non ?

Pas facile de se décider…

« Déclic de soi »
Collection dirigée par Anne Lamy

Cet ouvrage a été réalisé par les Éditions Milan
avec la collaboration d'Auriane Vigny.
Couverture et mise en page : Pascale Darrigrand

300, rue Léon-Joulin, 31101 Toulouse Cedex 9 - France

ISBN: 978-2-7459-3275-4

Christiane der Andreassian
Sophie Guillou

Un bébé, oui ou non ?

Pas facile de se décider…

MILAN

À tous nos enfants,
ceux qui vivent à nos côtés,
ceux qui sont partis trop vite,
ceux que nous ne connaîtrons jamais,
qui ont fait de nous celles que nous sommes.

Christiane der Andreassian
Sophie Guillou

INTRODUCTION

Un bébé, oui ou non ? Devoir répondre à cette question suscite toujours un léger vertige, comme au bord d'un fossé que l'on n'oserait sauter. Parce qu'elle touche à l'essence même de la vie et au sens qu'on lui donne, parce qu'elle nous interroge dans ce que nous sommes au plus profond de notre être. Parce qu'elle nous place au croisement de deux chemins, au carrefour de tous les possibles.

Un bébé, oui ou non ? Pour certains, l'évidence dort en eux depuis de longues années et ne demande qu'à s'éveiller dès que les conditions sont réunies. Pour d'autres, c'est une idée un peu floue qu'ils caressent de loin sans trop s'autoriser à s'en approcher... ou qu'ils rejettent parce qu'ils ne s'y reconnaissent pas. Parfois aussi, la grossesse est déjà là, imprévue, un « accident » dont on ne sait trop encore ce qu'il en adviendra. À moins qu'elle ne se refuse obstinément alors qu'on l'appelle de tous ses vœux.

Un bébé, oui ou non ? Ce point d'interrogation dessine toujours un cheminement à venir, propre à chacun, un voyage intérieur semé d'élans et de doutes, de mouvements contradictoires et de renoncements, d'espoirs et de craintes, qui nous promène sans cesse du présent au passé, du passé au futur. Quelle que soit la réponse que l'on trouve au bout du compte, elle permet souvent d'en apprendre un peu sur soi-même.

Un bébé, oui ou non ? La question se pose plusieurs fois au cours d'une vie, petite musique têtue, toujours la même et pourtant chaque fois différente. L'objet de ce livre est de vous accompagner dans ce voyage au long cours, en essayant de mieux comprendre ce qui se joue dans ce désir d'enfant et ses ambivalences. Ce désir qui nous fait riche à la fois de tous les enfants qu'on a eus et de tous ceux que l'on n'aura pas…

CHAPITRE 1
UNE HISTOIRE SIMPLE ?

À une époque où la contraception permet de choisir le bon moment pour faire un enfant, la décision se prend rarement à la légère. Stabilité affective, sécurité matérielle, mais aussi volonté de profiter d'abord de la vie à deux, sont souvent des conditions préalables à l'aventure de la parentalité. Au risque d'en être parfois paralysé...

L'enfant, une valeur sûre

« Et le bébé, c'est pour quand ? » La question tombe un jour sans qu'on l'ait vue venir. Elle émane d'une voisine, de la concierge, d'un collègue ou de notre propre mère qui enchaîne alors en soupirant : « J'aimerais bien ne pas être trop vieille quand naîtront mes petits-enfants... » À part soi, on se dit que cela ne les regarde guère. Que c'est une histoire intime qui se parle à deux et ne se partage pas sur la place publique. Qu'on saura bien les prévenir le jour où le sujet sera d'actualité. Mais leur curiosité un brin indiscrète vient nous rappeler que pour être dans la norme, aujourd'hui comme hier, il « faut » un jour ou l'autre avoir des enfants. Comme une évidence que personne ne songerait à mettre en doute. L'organisation de la famille peut bien avoir été bousculée durant ces cinquante dernières années, le mariage être concurrencé par d'autres modèles, le divorce avoir conduit à des recompositions diverses, une valeur demeure, infrangible et sacrée : l'enfant. Elle semble même plus précieuse que jamais. Si l'on se fie aux couvertures de la presse magazine, avoir un bébé, c'est carrément tendance. Pas une célébrité qui ne sacrifie au rite de cette idolâtrie. Qu'il s'annonce derrière la rotondité affichée d'un ventre ou qu'il soit amené par les cigognes de l'adoption, qu'on le porte en bandoulière ou qu'on le promène dans une poussette sportive à trois roues, le bébé est devenu cet accessoire chic et branché qui témoigne sans conteste d'une vie réussie. Du haut en bas de l'échelle sociale, il semble être celui qui réunit autour des mêmes préoccupations les couples les plus divers.

Un désir dicté par la nature ?

Faire un bébé… À première vue, on pourrait se dire effectivement qu'il n'y a rien de plus normal que ce projet-là. Enfanter, n'est-ce pas ce à quoi notre condition de mammifère nous destine, suivant un instinct de conservation commun à toutes les espèces vivantes ? Puisque la nature nous a dotés de tout ce qu'il faut pour perpétuer la race, il peut sembler logique que nous ayons envie de nous en servir. Comme si l'aptitude à faire des enfants induisait naturellement le désir d'en avoir.

Sauf que dans la réalité, les choses sont évidemment moins simples. La nature est malicieuse, et l'humain un mammifère un peu spécial. Ce mammifère-là habite un corps qui pense, qui parle et qui s'interroge. De surcroît, c'est un animal social, qui, à l'état de nature, a peu à peu substitué l'état de culture où l'instinct n'a pas vraiment sa place. Du coup, il aime certes à se reproduire, mais cet élan suit des chemins souvent mystérieux. À la fois projet conscient et désir souterrain, décision intime et acte éminemment social, la décision de faire un bébé obéit toujours à des motivations complexes. Et l'évidence induite par la nature se teinte très souvent d'hésitations, voire de réticences au moment de sauter le pas. Même s'il reste politiquement incorrect de le dire, tout le monde ne souhaite pas forcément avoir des enfants. Et même pour ceux qui le désirent, la décision ne va pas toujours de soi…

Fécondité à la carte

C'est sans doute la raison pour laquelle, depuis longtemps, hommes et femmes ont tenté de contrôler cet acte « naturel » en cherchant des moyens empiriques de faire l'amour sans risquer une grossesse inopportune. Les historiens attestent que dès l'Antiquité, certaines méthodes contraceptives étaient pratiquées, sans hélas beaucoup de fiabilité dans les résultats. Jusqu'à ce que les progrès de la médecine permettent aux femmes de revendiquer dans les années soixante : « Un enfant si je veux, quand je veux. » En scandant ce slogan libérateur, les féministes ont ouvert aux générations suivantes un horizon infini qui a changé radicalement l'approche de la maternité. Désormais, grâce à l'accès généralisé à la contraception, grâce aussi à la dépénalisation de l'avortement, les femmes sont devenues potentiellement maîtresses de leur fécondité. Peut-être eut-il été plus juste de revendiquer : « Pas d'enfant quand je n'en veux pas. » Car la toute-puissance humaine se heurte malgré tout à des limites : il ne suffit pas de vouloir un bébé pour qu'il arrive aussitôt ! Mais cette donnée nouvelle a malgré tout révolutionné en profondeur la vie des couples. Autrefois, ils vivaient avec l'idée, omniprésente, que les femmes en âge de procréer étaient naturellement fécondes et qu'une grossesse pouvait donc survenir à n'importe quel moment. Même quand elle était accueillie avec joie, la venue de l'enfant était considérée plus comme une fatalité que comme un choix librement consenti. Aujourd'hui, ne pas être féconde représente la norme : pour avoir un enfant, il faut le prévoir, décider d'arrêter la pilule ou d'enlever son stérilet, rompre avec un état de fait installé pour qu'autre chose advienne. Comme un vent d'aventure qui se met à souffler sur une vie bien réglée.

Pas le droit à l'erreur !

Devenir parent est donc devenu un acte qui relève d'un acte volontaire. Liberté magnifique, qui a eu pour effet inattendu de revaloriser la maternité. Alors que les pourfendeurs de la contraception prévoyaient une apocalyptique chute des naissances et le déclin des valeurs familiales, c'est l'inverse qui s'est produit : avoir un enfant est vu aujourd'hui dans nos pays développés non comme un facteur d'oppression des femmes, mais comme un accomplissement et une source d'épanouissement personnel. La contraception leur permet en effet d'accéder à une double identité sociale en n'ayant plus à choisir entre vie professionnelle et vie familiale. Même si l'articulation entre ces deux pôles reste parfois difficile à organiser, son principe est admis à peu près par tout le monde, du moins en France.

Liberté magnifique donc, mais liberté difficile, précisément parce que la possibilité du choix nous leste d'une responsabilité supplémentaire parfois lourde à porter. Puisque ce n'est plus le hasard, mais une intention délibérée qui préside à la naissance d'un enfant, on se sent le devoir de ne pas rater le rendez-vous. Pour lui, on voudrait réunir les conditions optimales à son bien-être. Et ce souci se fait d'autant plus pressant que notre société place la barre très haut : en magnifiant la maternité et la figure de l'enfant, elle nous condamne à la perfection. Du coup, si autrefois le fait de fonder une famille pouvait sembler banal, il apparaît aujourd'hui comme particulièrement exigeant. On entend même parler du « difficile métier de parent ». Sous-entendu : cette activité-là exige compétences, savoir-faire et savoir-être, même s'ils ne figurent sur aucun curriculum vitæ. Une grande marque d'accessoires de puériculture affichait ainsi récemment ce slogan incantatoire dans les pages d'un magazine familial : « Réussir son bébé », pas moins... Sacrée gageure, qui nous voue à l'excellence et nous interdit tout droit à l'erreur !

Les Françaises, championnes de la fécondité

En 2006, les statistiques sont venues confirmer une tendance amorcée il y a une quinzaine d'années : les femmes françaises sont à la fois celles qui travaillent le plus (8 actives sur 10 chez les 25-54 ans) et celles qui font le plus d'enfants. Le taux de fécondité a en effet atteint le chiffre record de 2 enfants par femme, plaçant ainsi notre pays au niveau de l'Irlande, loin devant tous les autres pays européens : la moyenne européenne s'élève à 1,5 % enfant par femme.

(Source : Insee, 2007)

Calculs et stratégies

Rien d'étonnant dès lors à ce que la naissance d'un bébé s'inscrive désormais dans un projet mûrement réfléchi… même si on n'admet pas facilement que ce dernier obéit à certains calculs. « Un enfant, ça ne se programme pas », ont répondu en substance la majorité des couples interrogés par le sociologue Arnaud Régnier-Loilier qui a étudié comment se décide l'arrivée d'un enfant dans *Avoir des enfants en France, désirs et réalités*. Toujours ce vieux fantasme de naturel lié à la naissance… Une analyse plus fine de leurs réponses a montré que, du fait de la contraception, ils mettaient en place des stratégies particulières, en posant des conditions préalables à la concrétisation de leur désir d'enfant. Autrefois, c'était le mariage qui représentait la première étape inévitable avant de penser procréer. Aujourd'hui, à moins d'être sensible à la valeur religieuse du mariage, le statut importe peu. On estime que plus d'un enfant sur deux naît actuellement hors mariage. Mais cela sous-entend que le couple puisse se prévaloir d'une certaine ancienneté pour se lancer dans l'aventure, comme un gage de stabilité affective qui vaccinerait contre les risques de rupture future. Les liens amoureux sont en effet devenus ces fils de soie, doux, précieux, mais si fragiles, toujours prêts à rompre si l'on n'y prend garde. Le mariage ne garantit plus depuis longtemps la longévité conjugale, pas plus que l'union libre ou le Pacs (Pacte civil de solidarité). En France, un couple sur trois finit par se séparer, voire un sur deux dans les grandes villes. Conscients de cette difficulté à durer, beaucoup de couples préfèrent donc attendre un moment avant de penser berceau et layette, histoire de vérifier qu'ils ont trouvé le « bon » partenaire. Comme un test dans le petit bain avant le grand plongeon…

Ils ont dit…

« *Désormais, quelle que soit la situation juridique du couple, c'est la naissance d'un enfant qui crée socialement la famille.* »
(Irène Théry, *Couple, filiation et parenté aujourd'hui*)

« *Loin d'être, comme autrefois [...], un rouage de l'ordre social, la famille est devenue une affaire privée, un choix personnel.* »
(Serge Hefez, *Quand la famille s'emmêle*)

Un temps de récréation avant les choses sérieuses

Au-delà de cette mise à l'épreuve, l'attente répond aussi à un autre objectif : celui de profiter pleinement de la vie à deux avant de s'imposer les contraintes liées à la naissance d'un bébé. Jouir d'une certaine liberté, se faire plaisir, sortir le soir, partir en week-end, penser à soi et à son couple… autant de désirs revendiqués et assumés par bon nombre de jeunes adultes des deux sexes, surtout lorsqu'ils ont suivi des études supérieures. Une fois leur diplôme dans la poche, ils consacrent leurs premiers salaires à ce mode de vie épicurien, nomade et sans attaches. Comme une récompense pour les efforts fournis, un temps de récréation nécessaire avant de passer à nouveau aux choses sérieuses. « Les couples anticipent les changements que l'arrivée d'un enfant peut occasionner dans leur vie et ils l'intègrent dans leur manière de gérer leur cycle de vie. Ils entendent profiter le plus longtemps possible de leur vie d'insouciance, lorsqu'ils en ont les moyens », remarque Arnaud Régnier-

Loilier dans l'enquête déjà citée. C'est souvent la conscience du temps qui passe ou l'impression de tourner en rond qui les décide, au bout de quelques années, à renoncer à ce mode de vie hédoniste pour agrandir le cercle familial.

Projet d'enfant contre fins de mois difficiles

La stabilité affective ne fait pas tout. Une certaine sécurité matérielle est également jugée nécessaire à la mise en route d'un bébé. On le sait, un enfant, ça coûte cher. Sa venue conduit souvent à déménager pour un logement plus grand, acheter une nouvelle voiture, s'équiper en meubles et en matériel de puériculture. On sait aussi que cette histoire-là va durer longtemps, qu'il faudra peut-être payer des études, un loyer dans une autre ville, etc. La majorité des couples estime donc logiquement qu'au moins un des conjoints doit occuper un emploi stable pour pouvoir assumer financièrement l'agrandissement de la famille. Sans doute cette précaution n'est-elle pas nouvelle. Mais elle joue d'autant plus dans une période de précarité économique croissante comme la nôtre. Si un certain nombre de jeunes adultes peuvent se permettre, comme on vient de le voir, de profiter de la vie après leurs études, d'autres à l'inverse peinent à « se faire une situation » : alternance de contrats à durée déterminée et de périodes de chômage, intérim, revenus irréguliers, problèmes pour se loger. Difficile alors de faire aveuglément confiance à l'avenir en choisissant d'avoir quand même des enfants... Aujourd'hui, certains jeunes couples renoncent, la mort dans l'âme, à devenir parents parce que leurs fins de mois sont trop difficiles. D'autres hésitent en se demandant de quoi leurs lendemains seront faits. Quant aux services d'orthogénie (les centres pratiquant l'IVG, l'interruption volontaire de grossesse), ils sont régulièrement saisis de demandes de femmes qui veulent interrompre leur grossesse parce qu'elles ou leurs conjoints viennent de perdre leur emploi.

Travail et maternité : le difficile « accordage »

À cette inquiétude matérielle, de plus en plus présente, vient s'ajouter chez les femmes la question de leur carrière. Certes, en France, il est socialement reconnu qu'on peut être une « bonne mère » tout en exerçant une activité professionnelle : contrairement à leurs voisines allemandes, qui doivent choisir entre la maternité et le travail si elles ne veulent pas être regardées d'un mauvais œil, la plupart des femmes françaises travaillent après la naissance de leurs enfants. Mais il n'en reste pas moins vrai que la maternité continue à pénaliser les carrières féminines : les promotions, les postes intéressants, les hausses de salaire leur sont plus difficiles à atteindre. Bon an mal an, les revenus des femmes plafonnent toujours à 25 % au-dessous de ceux de leurs collègues masculins (source Insee, 2002). Leurs grossesses n'y sont sûrement pas étrangères… Une fois leur diplôme en poche, les jeunes femmes savent donc que pour s'imposer dans leur job, il va falloir qu'elles prouvent leur valeur et qu'elles soient disponibles. Annoncer qu'on est enceinte au chef de service qui vient de vous embaucher ou de vous confier un dossier important est souvent vécu comme impensable par celles qui affichent leur ambition. Du coup, mues par ce qu'elles vivent comme une forme de conscience professionnelle, ces femmes ajustent leur vie personnelle aux exigences de l'entreprise. Même quand elles aimeraient bien devenir mères, elles préfèrent repousser le moment pour ne pas pénaliser une carrière dans laquelle elles entendent s'épanouir.

Pas à la hauteur ?

Aujourd'hui plus qu'hier, la décision de faire des enfants répond donc apparemment à une démarche très rationnelle. Mais derrière ces motifs tout à fait légitimes pour différer le moment de se lancer, sans doute faut-il lire aussi une bonne manière de masquer une angoisse sous-jacente. Comme une peur silencieuse de ne pas être à la hauteur de l'enjeu.

Résultat des courses : à l'heure où nos parents en avaient pour la plupart fini avec les biberons, les couches et les poussées dentaires de leur petit dernier, on en est encore à s'interroger sur la pertinence de « peut-être-bientôt-pourquoi-pas-mais-quand-même-pas-tout-de-suite… » arrêter sa contraception pour tenter de faire le premier. Dans l'inconfort du choix et des doutes qu'il suscite, certains en viennent même parfois à regretter le temps pas si lointain où de choix, il n'y en avait point. « Au moins, pense-t-on, on ne se posait pas tant de questions. C'était plus simple ! » Cette nostalgie d'un temps révolu fait abstraction de ce que signifiait au quotidien « l'état de nature » fantasmé aujourd'hui. Pas de contraception fiable, cela voulait dire une vie rythmée par les angoisses de fin de cycle, quand un retard de règles pouvait annoncer une énième grossesse. Cela voulait dire aussi une sexualité percluse de craintes, des femmes poussées au désespoir, des avortements clandestins, des abandons de nourrissons. Bref, beaucoup de souffrance, chez les adultes, mais aussi chez certains de ces enfants nés contre le désir de leurs parents. Aujourd'hui, il faut se souvenir de tout cela pour mesurer le cadeau qui nous est fait. Ne pas subir un destin qu'on n'a pas choisi reste un vrai privilège, même s'il se paye de quelques insomnies. Vous hésitez à devenir parents ? Tant mieux ! Ce flottement, ces incertitudes et ces doutes sont sans doute le meilleur gage pour l'enfant à venir que vous ne prenez pas les choses à la légère et que vous avez su mesurer les responsabilités que sa naissance implique. Mais cela ne doit pas se transformer en exigence paralysante : il n'existe pas de conditions parfaites pour donner la vie à un enfant. Il n'existe pas de parents parfaits. Il n'existe pas de bébé parfait. Se jeter dans l'aventure, quel que soit le moment choisi, c'est toujours un pari sur l'avenir. Un pari forcément incertain, mais dont le mystère recèle bien du merveilleux…

Choisir de ne pas avoir d'enfant

Longtemps considéré comme marginal, le phénomène tend à prendre de l'ampleur dans beaucoup de pays développés. En Allemagne, parmi les femmes qui ont suivi des études supérieures, une sur trois décide de ne pas être mère. Au Royaume-Uni, le nombre de femmes sans enfants a doublé en vingt ans. En France, on estime que 10 % à 16 % des femmes nées en 1980 ne seront jamais mères. Pour certaines, il s'agit d'un renoncement, parce que leur histoire de vie ne leur a pas permis d'exaucer ce désir.

Mais pour beaucoup d'autres, il s'agit d'un vrai choix, vécu comme quelque chose de positif. Les raisons ? Volonté de privilégier sa carrière, relation amoureuse trop intense pour laisser une place à un enfant, désir de garder sa liberté, crainte de ne pas être une bonne mère…
Sans doute le phénomène n'est-il pas nouveau. Ce qui l'est, en revanche, c'est que ces femmes osent revendiquer leur choix et réclament de ne pas être culpabilisées pour cela. Car la société porte encore un regard très critique sur elles. Dans un monde où l'enfant est coté très haut à la bourse des valeurs, ne pas en vouloir apparaît à certains comme un acte égoïste. D'autres affichent de la pitié en estimant que ne pas être mère empêcherait de s'épanouir totalement. Beaucoup considèrent que le refus de maternité relève d'une déviance au comportement « naturel » d'une femme. Cette hostilité larvée s'explique sans doute par le refus de reconnaître en soi l'inévitable ambivalence qu'induit tout désir d'enfant. Car le choix de ne pas porter d'enfant répond souvent à une vraie réflexion, en elle-même tout à fait estimable. « C'est une forme de maturité extrême de renoncer à devenir mère quand on ne le désire pas », souligne la philosophe Élisabeth Badinter. Les enfants qui souffrent toute leur vie de ne pas avoir été désirés sont là pour en témoigner…

CHAPITRE 2
À L'OMBRE DE NOTRE INCONSCIENT

Fruit d'une réflexion rationnelle, le projet d'avoir un bébé obéit aussi à des motivations plus souterraines. Il s'enracine dans l'enfance et porte l'empreinte des premiers liens noués avec ses parents. Il s'inscrit également dans un héritage familial transmis de génération en génération. C'est dans l'ombre de cet inconscient que naissent nos désirs, mais aussi nos angoisses et nos blocages.

Une graine plantée depuis longtemps

C'est une petite fille de 2 ans, peut-être 3, qui joue toute seule dans sa chambre. Sérieuse, elle berce un poupon au creux de ses bras en corbeille puis le couche dans un lit miniature, en tirant sur le drap pour qu'il n'ait pas froid. « Dodo, bébé » intime-t-elle d'un ton ferme. À cet instant précis, dans sa tête comme dans son corps, cette petite fille se vit comme une maman. Avant d'en devenir une, un jour peut-être, il lui faudra bien sûr grandir et suivre un long chemin, mais l'histoire commence ici, dans cette scène inaugurale, ingénue et troublante à la fois.

De cette antériorité du désir, on n'a souvent pas conscience le jour où, pour la première fois, on esquisse le projet d'avoir un enfant. Peut-être se souvient-on d'avoir, comme la petite fille de la chambre, répété le rôle telle une doublure qui attend son heure en coulisses. Peut-être aussi éprouve-t-on obscurément l'envie, sans trop se l'avouer, de rejouer à la poupée comme autrefois. Mais on ignore souvent que le désir qui se déploie au présent est le fruit de cette graine plantée alors, qu'il s'enracine dans l'enfance, à cette époque où l'on n'avait pas encore rencontré l'homme ou la femme de sa vie, mais où on était déjà parent d'un bébé. Un bébé imaginaire. Tranquillement, ce petit clandestin a grandi dans notre tête au fil des années, porteur de notre histoire intime, de nos joies et de nos chagrins, de nos richesses et de nos manques. Blotti dans cette partie de nous qui nous échappe la plupart du temps, cette région archaïque et pulsionnelle dont on ignore presque tout : l'inconscient.

Le désir d'enfant : un fil qui relie passé, présent et avenir

Cette réalité-là est difficile à reconnaître, tant le souhait de fonder une famille nous semble relever d'une démarche volontaire, maîtrisée et raisonnable. Elle va surtout à l'encontre de ce qui nous semble définir le désir d'enfant : une histoire réservée aux adultes. Bien sûr, cette définition-là n'est pas fausse, ne serait-ce que parce qu'avant un certain âge, on n'est pas en capacité physiologique de faire des bébés. De fait, devenir parent marque symboliquement l'entrée définitive dans le monde des grands. Cette décision implique de quitter volontairement son statut d'enfant pour s'inscrire dans la chaîne des générations et ajouter un chapitre à la longue histoire familiale. On n'est plus celui qui se voyait éternellement abrité par l'ombre tutélaire de ses parents, eût-on déjà un métier et son indépendance financière. On devient celui qui accepte de devenir arbre à son tour pour protéger le bébé à venir, celui qui accepte de vieillir afin de faire de la place à la génération suivante, celui donc qui accepte de voir s'approcher sa propre mort. Basculement vertigineux qui modifie forcément la perception qu'on a de soi-même en assignant une nouvelle identité : non plus fils ou fille de nos parents, mais papa ou maman d'un bébé dont on sera responsable.

Vu sous cet angle, l'enfant que l'on était autrefois apparaît comme une partie de soi à laquelle on doit renoncer, non comme le creuset dans lequel s'élabore l'enfant à venir. Pourtant, ces deux enfants-là sont indissociablement liés, dans une relation qui mêle passé, présent et futur, conscient et inconscient, réel et imaginaire. Une drôle d'histoire qui nous parle de nous tels que nous nous sommes construits.

Ils ont dit...

« *Le bébé imaginaire est un étonnant voyageur de la psyché, grand bourlingueur de nos " lointains intérieurs ". Il vient de notre préhistoire, du fin fond de nos inconscients et porte témoignage, à notre insu, de nos désirs les plus secrets.* » (Patrick Ben Soussan, *Le Bébé imaginaire*)

« *L'inconscient a une étrange logique que nous avons oubliée en devenant des êtres socialisés, raisonnables. Nous oublions si vite, refoulant ce qui a été pour permettre justement à la raison de faire son travail.* » (Sophie Marinopoulos, *Dans l'intime des mères*)

> « *La diffusion moderne de la contraception tend à occulter ce fait qui revient obstinément à la surface : la transmission de la vie échappe presque complètement à ceux qui en décident.* »
> (Monique Bydlowski, *La Dette de vie*)

Du côté de chez Œdipe

Que nous raconte la psychanalyse sur ce passé-là ? Évidemment de sombres histoires d'amour et de haine, d'inceste et de rivalités… Pour Freud, le désir de maternité est en effet un avatar du complexe d'Œdipe. Il postule qu'à l'origine, la petite fille désire ce qu'elle n'a pas, à savoir un sexe masculin. Déçue de ne pas l'avoir reçu de sa mère, elle se tourne vers son père pour tenter de l'obtenir. Peu à peu, elle renonce à cet organe manquant qu'il ne peut lui donner, mais lui réclame un enfant en remplacement. Sa mère devient du même coup à ses yeux une rivale à la fois enviée et haïe, puisqu'elle possède ce bien tant convoité qui lui est refusé. En grandissant, la petite fille refoule ce désir incestueux dans son inconscient et le transformera à l'âge adulte en faisant un bébé avec un homme qui n'est pas son père…

Si cette théorie, révolutionnaire en son temps, est peu contestée aujourd'hui, elle apparaît incomplète à certains. Car elle néglige ce qui fonde le tout premier désir d'enfant chez la petite fille :

l'identification à sa mère. Non pas la mère de la période œdipienne, cette ennemie toute-puissante et détestée. Mais la figure nourricière des premiers mois, celle qui a rassuré, bercé, prodigué soins et gestes de tendresse, celle qui se trouve à la source de toute vie. Au moment de faire soi-même un enfant, il faut être en mesure de retrouver cette image primitive derrière celle que nous aimions tant détester à l'adolescence. Marche arrière toute ! Cette gymnastique psychique n'est pas forcément très facile à pratiquer, surtout quand on a traversé des conflits houleux avec celle qui nous a donné la vie... Elle devient carrément acrobatique si on a grandi avec une mère qui n'a pas désiré ses grossesses et a souffert d'avoir des enfants. Comment renouer alors avec une image de maman aimante qui n'a jamais existé ?

Une dette parfois difficile à rembourser

Dans la plupart des cas pourtant, la perspective d'une naissance va amorcer une nouvelle étape, plus apaisée, dans les relations que l'on établit avec sa propre mère. La grossesse, l'accouchement et les premiers mois du nourrisson sont fréquemment l'occasion d'échanges plus proches et plus chaleureux. C'est le signe tangible qu'on en a fini avec l'adolescence et ses tempêtes, le signe qu'on se sent désormais assez sûre de soi pour affirmer sa féminité, le signe qu'on ne perçoit plus sa mère comme une rivale, mais qu'on scelle des retrouvailles avec la « maman-caresse » de sa petite enfance. Alors seulement on peut accepter de reconnaître la dette inconsciente contractée envers elle : une dette de vie. Ce souffle vital qu'elle nous a offert en cadeau, on le transmet à son tour. L'enfant à naître permettra de lui rembourser symboliquement ce qu'on lui doit.

Mais pour pouvoir se sentir redevable envers elle, encore faut-il que cette figure maternelle témoigne d'une certaine fragilité. C'est parce qu'elle a perdu à nos yeux la capacité d'avoir elle-même des enfants qu'on peut lui offrir ce présent. En revanche, si on continue à la percevoir comme une figure toute-puissante, qui s'accapare le pouvoir d'être mère, on s'autorisera sans doute plus difficilement à prendre sa place. Les femmes qui refusent d'avoir des enfants sont souvent dans leur tête d'éternelles adolescentes auxquelles l'image de leur mère barre symboliquement l'accès à la maternité. Certaines interruptions volontaires de grossesse (IVG) appartiennent aussi à ce type de problématique : ne pas garder l'enfant est alors une manière de tuer sa mère au fond de soi.

Voyage dans l'inconscient des pères

Chez un homme, le désir d'enfant suit un chemin parallèle, mais pas tout à fait comparable. Car contrairement à la petite fille, le petit garçon n'a pas à changer d'objet d'amour quand s'amorce la période de l'Œdipe. La femme dont il se découvre amoureux et qu'il voudrait ravir à son père se superpose avec la toute première image de maman bienveillante qui se penchait au-dessus du berceau. À l'âge adulte, il choisit souvent inconsciemment une compagne, qui par certains traits lui évoque cette figure féminine tant aimée, pour réaliser son désir incestueux de lui faire un enfant. Et il s'identifiera à son père pour transmettre à son tour le nom et l'histoire de la lignée : sa manière à lui de rembourser sa dette de vie.

Un chemin plus facile ? Pas sûr ! D'abord parce qu'il arrive que le complexe d'Œdipe ne se dépasse pas si aisément : certains hommes restent au fond d'eux-mêmes ces petits garçons qui n'ont pas réussi à renoncer à leur maman et à reporter cet amour sur quelqu'un d'autre. Mais aussi parce que chez un homme, le désir d'enfant est coloré du fait qu'il ne pourra jamais porter de bébé. Un manque indépassable, qui le conduira parfois à se tenir en retrait en attendant que sa compagne exprime son souhait d'avoir un bébé… Voire dans le pire des cas, à prendre ses jambes à son cou pour fuir un désir qu'il ne peut pas reconnaître comme le sien. L'enfant à venir apparaît alors comme un intrus qui le dépossède de sa force et de son statut. C'est souvent la naissance et la confrontation avec l'enfant réel qui lui permettra vraiment de se sentir père. Pourtant, même s'il est parfois nié par celui qui le porte, ce désir inconscient de paternité existe bel et bien. Et comme pour la femme, il dépend beaucoup de la relation nouée avec le parent de même sexe. Les hommes qui ont grandi sans père ou à l'ombre d'un géniteur détesté ont parfois du mal à envisager d'avoir à leur tour un enfant.

Le passé en héritage

Qu'on soit homme ou femme, notre façon d'aborder la parentalité se tricote donc d'abord à partir des liens tissés avec nos parents. Mais elle y mêle aussi d'autres fils, dans un canevas intime au dessin complexe et bigarré. Notre inconscient recèle en effet, tel un coffre-fort, l'histoire familiale transmise depuis plusieurs générations. Même si, parvenu à l'âge adulte, on peut avoir l'impression d'avoir pris ses distances avec elle, on continue forcément de porter cet héritage psychique, avec son fonctionnement propre, ses non-dits, voire ses secrets enfouis. Et lorsque s'ébauche un projet d'enfant, il va s'inscrire dans cette lignée-là, dernier maillon d'une longue chaîne que le psychanalyste Serge Lebovici désignait sous le terme imagé d'« arbre de vie ». Nos désirs, comme nos réticences et nos actes manqués s'enracinent en partie dans l'histoire d'ascendants que nous n'avons parfois même pas connus. Cette transmission muette nous construit mais peut aussi nous entraver. Par loyauté inconsciente envers un lointain ancêtre ou une tradition tombée dans l'oubli, il arrive ainsi qu'un même scénario se répète d'une génération à l'autre ou que des événements dramatiques survenus des dizaines d'années auparavant, comme un deuil ou un viol, influent sur nos choix inconscients d'aujourd'hui.

Les grossesses anniversaires

Van Gogh est né le 30 mars 1853. Un an, jour pour jour, après le décès d'un frère prénommé lui aussi Vincent… Histoire extraordinaire d'un homme qui le fut tout autant ? Pas vraiment. Les coïncidences de calendrier représentent un phénomène fréquent en matière de naissance, au point de ne plus apparaître justement comme des coïncidences, mais comme un calcul inconscient. Il n'est pas rare en effet que le terme prévu d'une grossesse corresponde à la date de naissance d'un des parents ou des grands-parents, à moins qu'il ne renvoie à un événement traumatisant comme la mort d'un précédent enfant ou celle d'un proche. Cette répétition a valeur de commémoration et inscrit l'enfant à venir dans une histoire particulière : parfois douloureuse quand elle rappelle un deuil, mais aussi positive quand elle célèbre l'anniversaire d'une personne aimée.

Quand l'inconscient joue les trouble-fête...

Dans la plupart des cas, la part inconsciente du désir d'enfant ne nous est pas perceptible parce qu'elle s'accorde avec le projet conscient qui nous anime. Tout juste fera-t-elle quelquefois effraction sous forme de pensées incongrues, d'angoisses, de doutes, qui surgiront sans crier gare et sans qu'on les comprenne. « En ai-je vraiment envie ? Est-ce que je ne risque pas de haïr mon bébé ? Pourquoi suis-je triste alors que je devrais me sentir joyeuse ? », toutes ces questions inavouables qui affleurent parfois à la conscience portent la marque de ce territoire psychique où l'ambivalence est reine, où la pulsion de vie tutoie la pulsion de mort, où la haine et l'amour sont toujours étroitement liés.

Mais les manifestations sans doute les plus ostensibles de notre inconscient se produisent quand ce dernier n'est pas en harmonie avec notre souhait conscient. C'est alors qu'il devient visible en s'invitant dans la partie pour contrarier nos beaux projets. Bien qu'on ne veuille pas du tout de bébé à ce moment-là, voilà qu'une grossesse s'annonce. Hasard ? Malchance ? On est alors tentée de le penser. Pourtant, un travail sur soi entrepris au cours de ce moment douloureux, révèle souvent que cette grossesse impossible répond à un désir inconscient de vérifier qu'on est féconde, de répéter un événement oublié ou d'appeler au secours. L'origine de ce désir est propre à chacune, mais sa puissance souterraine suffit à mettre à bas les barrières qu'on croyait avoir élevées pour éviter de tomber enceinte. À l'inverse, quand une grossesse refuse obstinément de s'annoncer malgré le désir des deux parents et qu'aucune cause physiologique n'est diagnostiquée, un détour par l'histoire familiale peut parfois dénouer la situation, en donnant du sens au mystère de cette stérilité.

Déni de grossesse : la conception inconcevable

Peut-on porter pendant des mois un bébé sans s'en rendre compte ? Si incroyable que cela paraisse, la réponse est oui. C'est ce qu'on appelle le déni de grossesse, dont l'actualité nous a plusieurs fois rappelé l'existence. Encore une fois, c'est l'inconscient qui tire les ficelles… En psychanalyse, le déni désigne ce mécanisme de défense consistant à refuser de reconnaître un événement qui risquerait de causer un traumatisme dangereux pour le psychisme. Parfois, la seule façon de se protéger d'une grossesse impossible est de se dire qu'il n'y en a pas. La femme enceinte banalise alors tous les symptômes en les attribuant à de la fatigue, du stress ou des troubles intestinaux. Ce déni peut durer jusqu'à l'accouchement ou s'arrêter au bout de quatre ou cinq mois. Encore mal connue, cette pathologie touche tous les milieux sociaux et ne semble pas relever d'un profil psychologique particulier. On l'observe aussi bien chez des jeunes femmes qui vivent leur première grossesse que chez des femmes qui ont déjà eu des enfants.

Les blocages, ça se dépasse

Cela dit, tous les blocages ne sont pas forcément énigmatiques. Certains s'expliquent sans qu'on ait besoin de s'interroger outre mesure. Quand par exemple on a l'impression d'avoir été non désiré ou mal aimé par ses parents, on craint souvent de reproduire ce schéma qui nous a tant fait souffrir. L'angoisse d'être nocif pour le futur bébé paralyse alors la capacité à donner la vie. Heureusement, rien n'est jamais figé dès lors qu'on accepte d'affronter les fantômes de son passé. Il arrive que ce soit le conjoint qui nous aide à aller de l'avant : s'il est assez aimant et confiant, s'il voit en nous le parent qu'on ne s'autorise pas à devenir, il peut dans certains cas réparer l'image abîmée qu'on a de soi-même et ouvrir une voie qui nous semblait jusque-là interdite. Paradoxalement, il arrive aussi que certaines IVG représentent un déclic et amorcent une réflexion féconde dans tous les sens du terme : comme si la grossesse interrompue était nécessaire pour faire un grand ménage et dégager une vraie place pour l'enfant à venir. Enfin, un travail psychologique sur soi peut souvent amener à défaire les nœuds qui nous encombrent et brident notre désir. Quand le passé vient éclairer le présent, l'avenir devient possible. Et avec lui, l'image d'un tout-petit qu'on serait capable d'aimer. À moins que ce ne soit la décision de s'épanouir autrement, hors de la maternité ou de la paternité. C'est souvent en se réconciliant avec son enfance qu'on peut écrire sereinement la suite de l'histoire...

Poésie de l'origine

« D'où suis-je venu ? Où m'as-tu trouvé ? »
demande Bébé à sa mère.
Elle pleure et rit tout à la fois et, pressant
l'enfant sur sa poitrine, lui répond :
« Tu étais caché dans mon cœur, mon chéri,
tu étais son désir.

« Tu étais dans les poupées de mon enfance
et quand, chaque matin, je modelais
dans l'argile l'image de mon dieu,
c'était toi que je faisais et défaisais alors. »
(Rabindranàth Tagore, *L'Origine*)

C'est la chaude loi des hommes
Du raisin ils font du vin
Du charbon ils font du feu
Des baisers ils font des hommes
(Paul Eluard, *Bonne justice*)

Dans la plus fastueuse des misères
mon père ma mère
apprirent à vivre à cet enfant
à vivre comme on rêve et jusqu'à ce que mort
s'ensuive
naturellement [...]
L'enfant de mon vivant
sa voix de pluie et de beau temps
chante toujours son chant lunaire ensoleillé
[...]
Et j'écoute en souriant l'enfant de mon vivant
l'enfant heureux aimé
et je le vois danser
danser avec ma fille
avant de s'en aller
là où il doit aller.
(Jacques Prévert, *L'Enfant de mon vivant*)

CHAPITRE 3

QUELQUES BONNES (ET MOINS BONNES) RAISONS D'AVOIR UN ENFANT

Pourquoi désire-t-on faire un enfant ? La question appelle une multitude de réponses, propres à chacun. Si certaines nous aident à aller de l'avant, d'autres tiennent du malentendu et risquent parfois d'aboutir à de profondes désillusions. Petit inventaire non exhaustif de ces raisons ou déraisons qui nous chatouillent le cerveau...

Pour donner une autre dimension à notre couple

Cela fait maintenant un certain temps que cet homme-là ou cette femme-là ensoleille nos jours et ensorcelle nos nuits. Avec lui ou avec elle, on a appris à partager le quotidien, on a peut-être même déjà essuyé des coups de tabac et surmonté quelques crises... Vient un jour le désir de donner une dimension supplémentaire à son couple, comme une envie d'aller plus loin en prolongeant ce fil invisible qui nous lie l'un à l'autre. Le bébé désiré apparaît alors comme la concrétisation vivante de cet amour : cadeau que l'on se fait mutuellement, fruit de deux patrimoines génétiques qui se mêlent pour en faire advenir un troisième, il incarne cette création où l'on pourra reconnaître un peu de soi et un peu de l'autre. Au jeu des ressemblances, plus tard, on s'amusera d'ailleurs à démêler le tien du sien. Œuvre commune, l'enfant est aussi celui qui est voué à nous survivre et qui par là, va inscrire la relation amoureuse dans l'ordre du temps. Même si un jour, le lien conjugal se dénoue, il témoignera par son existence même qu'un homme et une femme se sont aimés. Gage d'éternité et d'immortalité...

Pour faire famille

À moins de nourrir un goût affiché pour l'anti-conformisme ou la marginalité, on aspire souvent à s'intégrer un jour aux modèles de la société dans lequel on vit. Fonder une famille fait partie de ces actes qui nous rattachent à la communauté des hommes et nous invitent à emprunter le chemin tracé avant nous par nos parents. Ce qui ne signifie nullement qu'on souhaite forcément les imiter en tout point... Chacun a généralement en tête de le faire à sa manière, selon des règles qu'il établit lui-même. On gardera certains traits de l'éducation qu'on a reçue, on en rejettera d'autres, avec l'idée de ne pas répéter ce qu'on pense être les erreurs ou les errements de nos géniteurs. Si, enfant unique, on s'est ennuyé entre père et mère, on projettera sans doute de donner naissance à une fratrie plus étoffée. Si on a souffert de parents trop souvent absents, on se promet d'être aux petits soins pour sa progéniture. Faire des enfants représente donc un moyen de prendre son autonomie vis-à-vis de ses premiers modèles, en s'affirmant à la fois conforme et différent.

Familles recomposées : le bébé trait d'union

Même quand ils ont déjà eu des enfants d'une première union, de nombreux couples souhaitent agrandir encore la famille en faisant un bébé. Manière de concrétiser leur amour, de s'engager davantage l'un envers l'autre, mais aussi peut-être d'asseoir aux yeux du monde une constellation familiale dont les membres viennent d'histoires différentes. En les reliant tous les uns aux autres, ce nouvel enfant a parfois pour mission implicite de transformer symboliquement le groupe en « vraie » famille et de conférer ainsi une légitimité supplémentaire au couple recomposé.

Sa naissance peut permettre effectivement de souder le groupe familial, mais elle conduira aussi forcément à réinterroger les places de chacun.

Pour éviter une séparation

Quand la relation à deux bat de l'aile ou traverse des turbulences, on peut être tenté de faire un bébé pour sauver son couple. Comme si l'enfant à venir allait être le ciment qui ferait tenir ensemble deux blocs menaçant de se disjoindre.

Attention danger ! Ce projet-là risque de se solder au bout du compte par une séparation. Il repose en effet sur l'idée rassurante mais fausse que la naissance va, comme par magie, effacer les conflits dans le nuage de bonheur qui flottera autour du berceau. Or, c'est bien souvent l'inverse qui se produit. Certes, la venue d'un tout-petit est un cadeau merveilleux. Mais elle représente aussi une étape difficile tant elle entraîne de bouleversements dans la vie de ses parents. Les nuits en pointillés, les pleurs qu'au début on ne sait pas décoder, les copains qu'on a moins le temps de voir, les sorties en amoureux qu'on ne peut plus improviser … La naissance génère un certain nombre de frustrations qui mettent le couple à l'épreuve. Lorsque celui-ci ne peut pas s'appuyer sur des bases relativement solides pour y faire face, il risque l'explosion. Cela ne signifie pas pour autant qu'un couple en crise doit s'interdire l'idée de procréer. Mais mieux vaut qu'il ait réglé ses problèmes auparavant pour ne pas faire jouer à l'enfant le rôle ingrat et douloureux du détonateur.

Parce que j'ai envie d'être enceinte

Sentir la vie qui palpite en soi, voir la ligne de son ventre s'arrondir comme une mappemonde, faire corps avec ce bébé qui grandit à l'abri des regards... Si certaines appréhendent cet état qui va modifier leur corps (« J'ai pas envie de ressembler à une baleine ! »), d'autres au contraire l'anticipent et le rêvent comme un instant de plénitude, une affirmation rayonnante de leur féminité.
Mais il existe aussi un désir de grossesse plus inconscient, qui ne coïncide pas toujours avec un désir d'enfant. Il arrive ainsi régulièrement que des jeunes filles ou des femmes parfaitement informées sur la contraception prennent des risques en arrêtant ou en oubliant leur pilule et s'étonnent de se découvrir enceintes. Des idiotes ? Des écervelées ? Des irresponsables ? Non. Des femmes débordées par la force de leurs pulsions. Lorsqu'elles réfléchissent à ce qui leur arrive, elles découvrent souvent qu'elles avaient besoin de vérifier que leur corps de femme répondait normalement. Cette mise à l'épreuve de

leur fécondité peut résulter d'une angoisse liée à la contraception (« Est-ce que la pilule ne risque pas de me rendre stérile ? ») ou encore s'expliquer par l'histoire familiale, qui a vu une mère, une tante ou une cousine mettre des années avant de tomber enceinte. Ce désir-là s'achève fréquemment par une IVG. Car l'enfant à venir n'a alors aucune place dans la tête de sa mère ; il n'existe pas en tant qu'être distinct d'elle-même.

Pour transmettre mon nom

Majoritairement masculine, cette motivation-là répond au besoin d'inscrire son enfant dans une filiation symbolique. Car notre patronyme ne nous appartient pas en propre, il nous précède et passe par nous pour pouvoir survivre. Le transmettre revient à s'acquitter d'un devoir envers sa lignée. Au-delà du nom, la transmission peut aussi être celle d'une culture, d'une langue, d'une religion, d'un lieu d'origine. Plus cette culture apparaît minoritaire, voire menacée, plus sa transmission relève alors d'une mission quasi obligatoire. Mais parfois, dans le cas d'unions mixtes, ce devoir de transmission peut paradoxalement faire barrage. Comme dans l'histoire de ces deux jeunes gens très amoureux venus ensemble demander une IVG. Au regard de leurs familles respectives, juive d'un côté, musulmane de l'autre, il n'existait pas d'espace susceptible d'accueillir l'enfant de leur amour. Emprisonnés par un sentiment de loyauté envers leur communauté d'origine, ils ont préféré renoncer à ce bébé qui ne pouvait s'inscrire dans aucune de leurs deux histoires familiales.

Pour m'affirmer aux yeux des autres

Il est parfois douloureux de ne pas pouvoir s'appuyer sur une image valorisante de soi-même : parce qu'on n'a pas de travail, parce que les études qu'on a suivies ont été synonymes d'échecs répétés et d'exclusion, ou encore parce qu'on n'existe aux yeux du monde que comme épouse. Privées de statut social, certaines femmes espèrent en acquérir un par le biais de la maternité. La grossesse puis la naissance du bébé leur procurent une importance nouvelle qui peut se révéler grisante et restaurer pour un temps un narcissisme défaillant : enfin, on leur accorde de l'attention ! Enfin, elles ont une identité. C'est souvent le sens des grossesses adolescentes, lorsqu'elles ne s'expliquent pas par une méconnaissance du fonctionnement reproductif. C'est aussi parfois le choix de femmes complexées sur le plan intellectuel : l'enfant, lui au moins, ne les jugera pas, pensent-elles, et les acceptera telles qu'elles sont. Le problème, c'est que le bébé devient alors cette béquille sans laquelle on ne peut tenir debout. Il risque aussi plus tard de devoir incarner par procuration la réussite que l'on n'a pas eue. Autant de poids très lourds à porter.

Parce que j'aimerais bien pouponner

Caresser la soie d'une peau de bébé, le nourrir quand il a faim, l'apaiser quand il pleure, le bercer, le porter, le changer : ce désir-là est moins un désir d'enfant qu'un désir de tout-petit, un être vulnérable dont on s'occupera avec ferveur et dévotion. Inconsciemment, il correspond à un rêve de redevenir soi-même un bébé, nostalgie d'un temps oublié où notre mère nous comblait sans rien demander en échange. D'une certaine façon, le bébé que l'on désire joue le rôle de la petite madeleine trempée dans le thé qui ferait ressurgir les sensations d'un passé enfoui. Joli dessein, qui peut profiter à la mère comme au futur enfant… à condition toutefois de ne pas rester figé sur cette représentation statique. Car ce bébé-là ressemble fort à un objet, une adorable poupée qu'on manipule, qu'on tient sous sa coupe et qu'on n'a pas très envie de voir grandir. Désirer faire un enfant, c'est à la fois rêver de la merveilleuse fusion des premiers jours, mais aussi savoir renoncer à sa toute-puissance de maman et accepter que le bébé dépendant laisse vite la place à un enfant de plus en plus autonome. Un enfant qui un jour n'aura plus besoin de nous...

Parce que je veux faire comme tout le monde

Ça ressemble à une épidémie : d'abord Marc et Claudine, puis Stéphane et Élodie, maintenant Vincent et Marie : autour de vous, les couples de copains sont de plus en plus nombreux à se lancer dans l'aventure d'un bébé. Et de fil en aiguille, de visite à la clinique en discussions amicales (« Tu verras, c'est vraiment génial ! »), l'idée germe peu à peu : s'ils en sont capables, pourquoi pas vous ? C'est vrai qu'un bébé, c'est mignon... Comme si, en ouvrant la voie, l'entourage entrebâillait une fenêtre sur quelque chose qui relevait auparavant de l'impensable. Si ces exemples peuvent jouer le rôle de l'aiguillon en aidant à sauter le pas, ils ne doivent pas pour autant justifier à eux seuls un projet d'enfant. On ne donne pas la vie pour copier ses amis ou pour faire plaisir à ses parents. Pour que l'enfant ait vraiment sa place, il vaut mieux qu'il réponde à un désir personnel des parents, non à un élan dicté par le conformisme. Sinon l'épreuve de la réalité risque d'être douloureuse pour tout le monde. Pour le bébé, parce qu'il n'aura pas été attendu pour lui-même ; pour le parent, parce qu'il va devoir assumer une décision qu'il n'a pas entièrement choisie.

Pour donner à un enfant ce que je n'ai pas reçu

Lorsqu'on porte au creux de soi un passé couturé de cicatrices, lorsque les souvenirs d'enfance sont tout sauf un vert paradis, on peut avoir envie d'écrire une suite plus riante à l'histoire. Le désir d'un enfant répond alors parfois au souhait de réparer ces blessures secrètes. Ce qu'on n'a pas eu soi-même, on va essayer de le donner à ce futur bébé : dévouement, amour, joie, tendresse, sécurité. Une démarche généreuse, qui peut déboucher sur une belle histoire… à condition de ne pas idéaliser l'enfant à venir, ni la relation qu'on nouera avec lui. À condition surtout de ne pas en attendre l'amour qu'on n'a pas reçu autrefois. D'abord parce que cette demande risque d'être un puits sans fond. Ensuite parce qu'un tel projet repose sur l'image d'un bébé forcément heureux, toujours souriant, un bébé idéal qui nous gratifiera de tout ce qu'on fait pour lui. À la naissance, on risque alors d'être désarçonné par le bébé réel, celui qui crie parfois, qui pleure souvent, celui qu'on ne comprend pas toujours et qui, en grandissant, exprimera forcément des désaccords. Avant de se lancer dans une telle aventure, il est donc préférable d'avoir réfléchi sur son propre passé et pansé suffisamment ses plaies.

Pour remplacer celui que j'ai perdu

Une fausse couche, une grossesse qu'on n'a pas

menée jusqu'à son terme, un bébé emporté par une maladie : ces accidents de la vie creusent toujours une vive souffrance chez ceux qui les ont vécus. Parfois, histoire de conjurer le sort et de reprendre goût au quotidien, on décide de mettre en route un autre enfant. Mais pour faire de la place à cet enfant-là, mieux vaut avoir pu au préalable dépasser le traumatisme et faire le deuil de celui qui l'a précédé. C'est seulement après ce temps, d'une durée variable selon chacun, qu'on peut accueillir un nouveau bébé. Sinon, ce dernier risque d'être étouffé par l'ombre insistante du disparu qu'il va devoir remplacer. En grandissant, il éprouvera alors de grosses difficultés pour accéder à son identité propre et ne pourra vraiment s'épanouir qu'en se libérant de ce fantôme auquel ses parents n'ont pas pu renoncer.

Pour rester jeune

Quand on aborde les rives de la quarantaine (voire celles de la cinquantaine quand on est un homme), la question d'avoir un bébé se pose forcément, qu'on ait déjà des enfants ou pas. On sait que bientôt on n'en sera plus capable. Ce sera alors le basculement de l'autre côté, celui qui penche vers notre fin ultime. Faire un enfant à cet âge représente une assurance contre la mort, un fantasme d'éternelle jeunesse, même si on sait qu'au final, il nous faudra accepter de vieillir. Cette dernière chance de donner la vie apparaît comme un cadeau à saisir tant qu'il est encore temps. Une authentique cure de jouvence, qui ne doit pas pour autant masquer les ombres possibles d'une telle décision : même si elles sont aujourd'hui bien suivies sur le plan médical, les maternités tardives sont souvent un peu plus compliquées. Et les enfants de parents mûrs souffrent parfois de vivre perpétuellement dans la crainte de perdre trop vite ces parents vieillissants.

Ils ont dit...

« *Après mûre réflexion, j'ai noté dans mon carnet trois bonnes raisons de faire un enfant.*
Raison 1 : on s'aime.
Raison 2 : on a voyagé dans tous les pays atteignables. Raison 2 revient à ce qu'on appelle la menace de l'ennui.
Raison 3 : j'ai passé 30 ans et à l'approche des 40 ans, j'avais peur de vieillir. C'est la dernière ligne droite. Raison 3 revient à la peur de la mort.
Résumons. Pourquoi fait-on des enfants ?
Par amour, par ennui et par peur de la mort.
Les trois composantes essentielles de la vie. »
(Eliette Abécassis. *Un heureux événement*)

« *Fais des bébés, fais des bébés,*
Ça fera peut-être des cadavres pour leurs saletés de bombes,
Mais aussi des cerveaux pour ne pas qu'elles tombent. »
(Jean-Jacques Goldman, *Fais des bébés*)

« *C'est la somme de toi et moi*
Qui donne le résultat
C'est de nous deux la preuve par trois
De l'enfant que j'attends de toi
C'est de nous deux la preuve par trois
Qu'on sème et qu'on s'aimera
Encore
Plus fort. »
(Zazie, *La Preuve par trois*)

CHAPITRE 4
EST-CE LE BON MOMENT ?

Il est souvent difficile de savoir quand on est vraiment prêt à accueillir un bébé. Ce désir-là, ambivalent, nous conduit souvent à retarder le moment de se lancer. Mieux vaut toutefois se défaire de l'idée qu'un jour viendra le moment idéal. On risque alors de reculer éternellement l'échéance et de se décider trop tard au regard de l'horloge biologique. Et si on acceptait de ne plus être dans le contrôle absolu ?

À chacun son « bon moment »

Élise et Sébastien totalisent à eux deux à peine plus de quarante-cinq printemps. Jeunes, amoureux, enthousiastes, ils ont prévu de se marier. Pas tout de suite, ils ne sont pas pressés : les grandes orgues, c'est pour dans deux ans, le temps d'organiser une belle fête, avec famille et amis. Le temps aussi de profiter de la vie en duo avant de se glisser mutuellement l'anneau nuptial au doigt. Bref, un plan de vie bien réglé. Pourtant, un jour, ils décident d'ajouter un chapitre imprévu en prélude à ce programme : un enfant. « On s'est aperçu entre temps qu'il manquait un petit bonhomme à notre bonheur, là, maintenant. On n'a pas eu envie d'attendre. » Pour ces deux-là, mariage ou pas, c'était le bon moment.

Ce « bon moment » n'est évidemment pas le même pour tous, ce qui le rend impossible à définir de façon normative. Avoir envie d'accueillir un bébé ne dépend pas de l'âge inscrit à l'état-civil, mais d'un état intérieur. Qu'est-ce qui fait qu'un jour, on peut se dire prêt à tenter l'aventure ? D'ailleurs, est-on jamais prêt à devenir parent ? Pas tout à fait, sans doute. Bien sûr, il existe un certain nombre de conditions objectives qui peuvent conforter le projet d'enfant : un travail, un logement, des revenus corrects, une relation amoureuse stable. Mais au-delà de ces aspects concrets, le plus important est sans doute d'avoir amorcé une maturation psychique qui permette d'envisager un glissement d'identité : pour pouvoir devenir le père, la mère de son enfant, il faut cesser d'être l'enfant de ses parents. La difficulté étant que ce processus intérieur ne s'opère pas du jour au lendemain, et surtout, qu'il va se poursuivre tout au long de la grossesse et des premiers mois du bébé. Quand on commence à envisager l'éventualité d'une naissance, il en est seulement à ses balbutiements.

Une contrée inconnue

Selon l'histoire de chacun, le cheminement sera plus ou moins tortueux, plus ou moins long, plus ou moins facile. Mais il s'accompagne d'un cortège d'angoisses et de questions : « Est-ce que je saurai m'y prendre avec un tout-petit ? Est-ce que je serai une bonne mère (ou un bon père) ? » Derrière cette interrogation se lit le doute de pouvoir prendre la place de ses propres parents. Pour cela, il faut les avoir fait descendre du piédestal où notre adoration d'enfant les avait juchés, mais aussi être sorti des tourmentes de l'adolescence qui nous les présentaient comme des monstres. Bref, les voir comme des humains ordinaires, avec leurs qualités et leurs défauts.

Cette peur de ne pas être à la hauteur est sans doute encore exacerbée chez les jeunes femmes d'aujourd'hui du fait de leur méconnaissance de la maternité dans ce qu'elle a de plus quotidien. Contrairement à nos aïeules, nous vivons en effet largement coupés de cette réalité. À une époque où le cercle familial s'est resserré autour de son noyau dur (père, mère, enfants), où les jeunes couples vivent généralement loin de la parentèle élargie, où le « chacun chez soi » prime dans les rapports sociaux, les contacts avec les bébés sont de plus en plus rares. Quelques minutes à la clinique pour rendre visite à une copine qui vient d'accoucher, des images entrevues dans la rue ou au square... Rien de comparable avec ce que vivaient les femmes autrefois, qui connaissaient les gestes maternels avant même de devenir mères pour les avoir observés chez une cousine, une tante ou des voisines et les avoir expérimentés sur des petits frères ou des petites sœurs. Aujourd'hui, la maternité apparaît davantage comme une contrée inconnue, dont on ne maîtrise ni la langue, ni les usages avant d'avoir franchi la frontière qui nous sépare d'elle. Intimidées, beaucoup de femmes ont l'impression qu'elles ne sauront pas faire.

Attention au fantasme de perfection

Certains futurs parents se fixent à eux-mêmes des exigences très contraignantes avant de s'autoriser à faire un enfant. S'il semble raisonnable d'attendre de décrocher un poste stable et de trouver un logement décent, il paraît moins vital d'avoir acquis tous les accessoires du confort moderne que nous font miroiter les publicités. Voiture neuve, chambre de bébé avec rideaux pastel aux fenêtres et berceau dernier cri, voire cuisine équipée, deviennent alors des conditions indispensables à la venue d'un enfant. Mais où s'arrête le nécessaire ? Où commence le superflu ? Et que cache cette course à l'équipement ? Peut-être faut-il y lire certains des enjeux actuels liés à une naissance. Dès les premiers jours, on souhaite donner à son bébé ce qui se fait de mieux. Mouvement naturel, mais qui, poussé à l'excès, peut conduire à un fantasme de perfection : à s'efforcer d'être un parent exemplaire, à trop vouloir bien faire, on risque d'idéaliser cette naissance. La réalité peut paraître bien décevante, malgré les rideaux pastel et le berceau assorti. Et l'enfant va payer cher cet « investissement à perte », même s'il n'a rien demandé. Ce dont il a besoin pour vivre ne se quantifie pas : des soins, des sourires, de l'attention, du respect... en un mot : de l'amour. Le reste a finalement peu d'importance.

Quand ce n'est pas le bon moment

Dans une vie de femme, il arrive qu'il y ait des rendez-vous manqués, des grossesses accidentelles qui ne peuvent trouver leur place parce que ce n'est pas l'heure, parce qu'on n'est pas prête, parce que ce n'est pas le père qu'on souhaiterait pour l'enfant, parce qu'on vient de commencer un boulot... Un bébé, maintenant ? À cette question angoissante, on finit alors par répondre « non » en espérant pouvoir un jour répondre « oui ». Les IVG font parfois partie de la maturation nécessaire qui permet plus tard de devenir mère. Autrement dit, il ne s'agit pas d'un bébé en moins, mais d'un bébé reporté.

Maladie de jeunisme

Un autre obstacle réside dans la difficulté à basculer définitivement dans l'âge adulte. Il semble que le passage de cette ligne invisible se fasse aujourd'hui moins naturellement qu'autrefois. D'abord parce que l'autonomie financière des jeunes couples arrive de plus en plus tard. Mais aussi peut-être parce que notre époque ne favorise pas l'inscription dans une forme de maturité. Ce qu'elle glorifie et nous montre en modèle, c'est la Jeunesse avec un grand J : ses codes vestimentaires, son style de vie, sa légèreté, sa beauté, sa minceur… Tous les attributs actuels de la réussite renvoient à l'âge que jadis, on rêvait de quitter le plus vite possible. Même les façons d'agir des ados, ces élans pulsionnels qui réclament d'être comblés dans l'instant, semblent plus valorisés qu'encadrés dans une société de consommation prônant le toujours plus. Aujourd'hui, c'est l'adulte qui souhaite ressembler à l'adolescent quand cela devrait être logiquement le contraire. Mûrir n'est plus une fin en soi, mais se résume à une quête éperdue pour rester jeune. Alors qu'autrefois on affirmait qu'il y a un temps pour tout, on rêve maintenant de tout faire quel que soit son âge. Dès lors, s'il y a plus à y perdre qu'à y gagner, pourquoi grandir ? Pourquoi vieillir ? Pourquoi faire des enfants ? Ce renoncement à l'adolescence peut apparaître douloureux, tant on craint d'être expulsé de cette planète dorée de l'éternelle jeunesse. Du coup, certains s'installent dans le confort d'une vie sans attaches, dénuée de responsabilités et dédiée prioritairement à la satisfaction de leurs désirs. Accrochés à leur enfance, ils renâclent devant l'obstacle : faire un bébé, oui, un jour. Mais le plus tard sera le mieux...

Le bébé : boulet ou boîte à bonheur ?

Le mur le plus malaisé à franchir est sans doute celui de notre ambivalence. On voudrait bien, mais en même temps, on ne veut pas. Ce nourrisson qu'on rêve un jour de serrer contre soi, le lendemain nous apparaît comme un voleur de liberté. Une foule d'arguments se pressent à notre conscience pour élever des barrières à ce projet, des peurs se font jour, plus ou moins rationnelles. Certaines femmes craignent ainsi la grossesse et la métamorphose corporelle qu'elle induit : perdre la maîtrise de son poids représente parfois une perspective impensable lorsqu'on surveille sa ligne depuis l'adolescence. Au-delà de ce qu'elles vivent comme une atteinte à leur potentiel de séduction, l'idée de loger un petit intrus au creux d'elles-mêmes peut être perçue comme une invasion inquiétante. L'accouchement et ses douleurs figurent souvent dans la liste des freins que l'on s'énumère à soi-même. Tout comme la peur de donner naissance à un enfant anormal, difforme ou monstrueux. Remontent parfois à la surface les histoires tragiques qui ont marqué la mémoire familiale : un enfant mort-né, une grossesse avortée... Et si on allait reproduire cette malédiction de la lignée ? Bref, au moment de sonder son âme pour y reconnaître une fibre parentale, on découvre un grand désordre et des pensées pas toujours sympathiques. Inquiétant pour le futur bébé ? Non. Il est parfaitement normal d'éprouver un mélange de sentiments négatifs et positifs. Dans tout amour, se terre une part de haine ou de jalousie. Dans tout bonheur pointe une inquiétude. Même si cela semble profondément dérangeant, personne ne fait l'économie de cette dualité inconsciente.

Le problème, c'est qu'on interprète quelquefois cette ambivalence comme la preuve qu'on n'est pas vraiment prêt à être parent. Puisque l'on est capable de nourrir des pensées hostiles envers ce bébé qui n'existe pas encore, c'est sans doute qu'on s'en occupera mal... Alors que précisément, on voudrait lui offrir le meilleur ! Du coup, on repousse souvent le moment de se jeter à l'eau, en espérant que la maturation tant souhaitée se manifeste un jour d'un seul coup, telle une révélation divine.

Pour avancer dans votre réflexion

S'interroger soi-même permet souvent de mieux identifier ce qui nous fait avancer et ce qui nous bloque. Voici quelques questions qui peuvent vous aider à mettre à plat les enjeux d'une future grossesse. Et pourquoi ne pas y répondre avec votre conjoint ? L'occasion peut-être de lui dire ce que jusqu'alors vous n'osiez pas lui confier...

• À quel âge vous êtes-vous dit qu'un jour, vous auriez des enfants ?
• Avez-vous le sentiment d'avoir été désiré(e) par vos parents ? En avez-vous déjà parlé avec eux ?
• Dans votre couple, l'un de vous a-t-il entraîné l'autre dans ce projet d'enfant ?
• Qu'est-ce qui vous arrête dans votre désir ?
• Avez-vous confié à votre conjoint vos éventuelles angoisses ?

• Comment imaginez-vous le fait d'être parent ? Cela vous semble-t-il plutôt un grand bonheur ou une privation de liberté ?
• Vous sentez-vous à la hauteur de l'enjeu ? Si non, pourquoi ? Et comment considérez-vous votre conjoint sur cette question ?

La science ne peut pas tout !

Le hic, c'est qu'à trop attendre, certains couples prennent le risque réel de ne jamais avoir d'enfants. Certes, il existe aujourd'hui beaucoup plus de mères quadragénaires qu'il y a vingt ans. Les magazines de société regorgent de leurs témoignages, qui nous parlent de choix réfléchi, de vie épanouie, de maternité sereine. Mais cette réalité ne doit pas en masquer une autre, moins rassurante : les chances d'avoir un premier bébé à cet âge sont très aléatoires. Notre horloge biologique s'accommode mal en effet des projets de grossesse tardifs : inexorablement, la fécondité des femmes, mais aussi celle des hommes, diminue à partir d'un certain âge. Nombreuses, trop nombreuses sont celles qui doivent renoncer à enfanter parce qu'elles ne se sont pas décidées à temps. Alors que les voilà enfin prêtes, disponibles, matures pour accueillir un bébé, leur corps refuse de les suivre et la grossesse ne vient pas. Cruelle ironie de la vie, qui peut paraître profondément injuste à celles et ceux qui la subissent. D'autant plus douloureuse, sans doute, que notre société vit dans l'illusion de tout maîtriser, y compris l'acte de faire des enfants. La procréation médicalement assistée a révolutionné le traitement des stérilités… au risque de laisser croire que tout problème avait sa solution. Certes, la science réalise aujourd'hui des prodiges, mais elle ne peut pas tout : le taux de réussite des fécondations *in vitro* chute lui aussi considérablement avec l'âge. Évalué à une chance sur quatre pour les femmes jusqu'à 37 ans , il n'est plus que d'une chance sur dix pour celles de 42 ans. Là encore, la déception risque d'être au bout du chemin. Au final, c'est toujours la nature qui fait ce qu'elle veut…

La fécondité en quelques chiffres

- Nous faisons des enfants de plus en plus tard : en 2006, l'âge moyen de la mère atteint 29,7 ans quand elle donne naissance à son premier bébé. Cet âge était de 24 ans en 1970.

(Source : Insee, 2007)

- 2,5 % des grossesses actuelles concernent des femmes de 40 ans et plus. Ce chiffre a doublé en dix ans.

(Source : Insee, 2007)

• À 25 ans, la probabilité de tomber enceinte s'élève à 25 % par cycle. À 35 ans, elle tombe à 12 %. À 40 ans, elle n'est plus que de 6 %.

(Source : *N'attendez pas trop longtemps pour avoir un enfant*, François Olivennes)

L'horloge biologique des hommes

On imagine parfois que la baisse de la fertilité liée à l'âge est l'apanage des femmes. Pourtant, elle concerne aussi leurs compagnons, même si elle se manifeste moins brutalement. Au fil des ans, les spermatozoïdes sont moins nombreux, moins rapides et moins résistants. Des études ont montré que les chances pour un homme d'avoir un enfant dans les six mois baissent de 2 % chaque année à partir de 24 ans. On sait aussi que les femmes dont le partenaire a plus de 35 ans ont trois fois plus de risques de faire une fausse couche qu'avec un partenaire de 25 ans.

(Source : étude de Chris Ford publiée en 1999 dans la revue *Human Reproduction*)

Avant que la petite graine ne prenne...

Mieux vaut donc, quand bien sûr on le peut sur le plan affectif et matériel, ne pas attendre trop longtemps pour tenter l'aventure. Face à nos manies de couper les cheveux en quatre, nos questions (« J'y vais ? J'y vais pas ? »), il faudrait se souvenir que le temps qui passe peut parfois devenir un allié : c'est lui qui va nous aider peu à peu à devenir le parent que nous ne sommes pas encore... à condition de déclencher le compte à rebours qui nous permettra un jour de le devenir vraiment. Car on oublie souvent une réalité toute simple : ce n'est pas parce qu'on arrête la pilule qu'un petit polichinelle va pointer le bout de son nez du jour au lendemain. Bercé depuis l'enfance par les fées du « Tout, tout de suite », on imagine qu'il suffit de décider pour que la nature nous exauce. Et bien non ! Une fois que vous aurez pesé le pour et le contre, penché en faveur du pour, opté peut-être pour une saison plutôt que pour une autre (« Le printemps, c'est bien, on peut sortir le bébé dehors, et je pourrai rajouter les vacances d'été à mon congé maternité »), il va falloir attendre que la nature, parfois malicieuse, veuille bien faire son œuvre. Trois mois, six mois, parfois un an peuvent s'écouler avant que la petite graine ne prenne. Inutile alors de trépigner et de se précipiter chez le spécialiste pour diagnostiquer un éventuel problème de fertilité : c'est juste le temps qu'il faut pour sentir que cette affaire-là nous dépasse un peu et qu'il vaut mieux lâcher prise. Qu'on ne devient pas parents à la carte. Que la patience est sans doute la première vertu à cultiver quand on se lance dans cette aventure. Un temps qui nous permet de surcroît de profiter encore de tout ce qu'on craint de perdre une fois né le divin enfant…

Faire confiance au bébé

Et ce n'est pas fini ! Une fois l'œuf bien accroché, il va encore falloir attendre neuf mois pour qu'un être complet se fabrique à l'abri de la lumière. De quoi apprivoiser un peu plus cette idée saugrenue de devenir parents, endosser mentalement ce costume au départ un peu trop grand pour nos épaules, penser aménagement de l'appartement, choix de poussette, mode de garde… et surtout sentir au fil des mois ce bébé qui enfle, grandit, acquiert une existence de plus en plus palpable. Ceux qui l'ont vécu le savent bien : c'est l'enfant qui fait le parent. Avant qu'il ne soit là, léger et chaud au creux de nos bras, il n'est qu'une idée. Sa venue au monde va tout changer. Son regard profond qui plonge dans le nôtre, sa main minuscule qui enserre notre doigt, ses sourires, ses premiers mots nous désignent parents mieux que tous les discours et que tous les savoirs. Ce miracle-là se moque bien de savoir si c'est au « bon moment » ou pas. Peut-être alors serait-il sage d'arrêter d'être dans le contrôle absolu pour faire confiance au bébé qui naîtra. On n'est sans doute jamais totalement prêt à devenir père ou mère : c'est un cheminement qui peut durer toute une vie...

Ils ont dit...

« *Avant, ce n'est pas que je n'aimais pas les bébés ; c'est qu'ils n'existaient pas. Il n'y avait aucun lien, aucun rapport entre eux et moi. Un enfant, j'en voulais bien, un jour. […] Les bébés des autres n'existaient pas, je le comprends maintenant, parce que le bébé n'existe que dans la continuité intime, dans le lien avec nous, ses parents.* »
(Marie Darrieussecq, *Le Bébé*)

« *Fragiles, vulnérables sont les parents à naître. Enfin, l'on s'accorde à admettre que devenir parent n'est pas un fait de nature, que cela demande du temps, beaucoup, de la patience, de l'énergie et des forces vives à puiser en soi et chez ceux qui vous accompagnent dans ce cheminement. Personne ne naît parent, certains le deviennent, certains ne le peuvent.* »
(Patrick Ben Soussan, *Le Bébé imaginaire*)

« *Cessons de croire qu'il suffit de savoir pour être à l'aise dans la relation entre parents et enfants. […] Le " prêt-à-élever " n'existe pas, il serait dangereux de croire que les connaissances sont la clé de toutes choses.* »
(Nicole Prieur, *Grandir avec ses enfants*)

CHAPITRE 5
UN BÉBÉ, ÇA SE FAIT À DEUX !

Pour qu'un projet d'enfant devienne un jour réalité, il faut la rencontre de deux désirs. Or, hommes et femmes n'en ont pas toujours envie en même temps. Comment concilier ces deux horloges ? Que faire lorsque le couple n'est pas synchrone ? Faut-il faire des concessions au désir de l'autre ? Autant de questions qui mettent en jeu le respect et l'écoute mutuelle, les seuls à même d'aider à mûrir la réflexion commune.

Berceau contre rando ?

« Ils se marièrent et eurent beaucoup d'enfants » : dans les contes de fées, cette conclusion a l'évidence des choses simples. Il va de soi que le prince et la princesse sont synchrones dans leur désir de bébé et qu'ils tomberont d'accord sur le moment où le palais se peuplera d'une foule de petits héritiers. Point final, fermez le ban. Dans la vraie vie, le projet d'enfant s'impose rarement de façon aussi directe. Il est à la fois le fruit d'une maturation personnelle et celui d'un cheminement commun. Une balade à deux avec des temps de flânerie et des accélérations, des moments où l'on marche du même pas mais aussi des échappées où l'un prend la tête et l'autre traîne la patte… Du coup, le couple bute parfois sur un petit problème de tempo : elle rêve d'un berceau noyé de mousseline quand il voudrait continuer à partir en randonnée tous les week-ends. À moins que ce ne soit lui qui souhaite fonder une famille alors qu'elle saute de trains en avions pour assister à des réunions de travail. Or, s'il est une chose dans un couple qu'on ne peut pas faire séparément, c'est bien un enfant !

L'un ou l'autre ne semble pas pressé

Tomber d'accord sur la réalisation d'un tel projet représente sans doute une des toutes premières difficultés de la parentalité. Souvent, l'un des deux conjoints est prêt avant l'autre et va devoir au mieux patienter, au pire déployer des trésors de persuasion pour convaincre sa douce moitié qu'il est temps de se lancer. Pourtant, cette difficulté a beau être un grand classique, elle est toujours source d'inquiétude pour ceux qui la rencontrent. Peut-être parce qu'elle met à mal une image mythique du couple selon laquelle il faudrait toujours penser la même chose en même temps. Commençons donc par rappeler cette vérité toute simple, devions-nous briser quelques illusions : le désir d'enfant est rarement simultané chez les deux partenaires. En la matière, une infinité de divergences se font jour, expliquant que les (futurs) parents ne sont pas toujours prêts au même moment. Entrent en ligne de compte tout à la fois la différence d'âge, l'histoire personnelle de chacun, ses traditions familiales, la confiance qu'il ou elle s'accorde pour devenir père ou mère, la vie professionnelle et le fait d'avoir ou non déjà des enfants d'une première union.

Plus précoces, les filles ?

Reste malgré tout un schéma dominant : les femmes sont dans l'ensemble disposées plus tôt que leurs compagnons à fonder une famille. Une tendance qui confirme ce que l'intuition nous chuchote : il et elle ne sont pas égaux face au désir d'enfant. Quoi de plus logique puisqu'ils n'habitent pas le même corps et que la grossesse précisément viendra souligner cette altérité ? Avant même qu'un bébé ne soit d'actualité, cette différence des sexes irrigue les perceptions du monde et du temps. Les jeunes filles, dès leur puberté, prennent l'habitude de penser en cycles. Concrètement, la venue de leurs règles vient

leur rappeler mois après mois qu'elles ne sont pas enceintes. Hasard ou conséquence ? La contraception reste encore plus souvent leur affaire que celle des garçons. Sans doute cette familiarité viscérale avec les questions de fécondité les amène-t-elle à s'interroger plus tôt sur ce que signifierait une naissance dans leur vie. D'autant qu'elles savent éphémère ce temps durant lequel elles pourront faire des enfants. Chez les hommes, tout cela apparaît beaucoup plus abstrait et plus extérieur.
Sans compter que l'organisation sociale, qui assigne une place à chacun, renforce encore cette perception. Certes, les femmes ont investi massivement le marché du travail qui leur était autrefois, sinon interdit, du moins hostile. Mais dans le même temps, elles ont continué à reproduire dans ses grandes lignes un partage immémorial des tâches : à elles, la sphère domestique, celle de l'intime et de la famille ; à lui, le devoir de partir chercher de quoi nourrir tout son petit monde. Même si cette répartition semble aujourd'hui archaïque, il est vraisemblable qu'elle marque encore de son empreinte séculaire nos schémas inconscients. Résultat : tout ce qui a trait à l'enfant relève encore, pour beaucoup, du domaine des femmes : « C'est leur affaire, ce sont elles qui détiennent le savoir et la maîtrise de ces choses-là », pense le sens commun.

La peur d'être piégé

Certains hommes se montrent sur la défensive dès qu'il est question de procréation, hantés par la crainte d'être instrumentalisés sans avoir leur mot à dire. De fait, la différence de sexe entraîne une inégalité face à la décision même d'avoir un enfant : si une femme peut choisir de garder le bébé contre l'avis de son compagnon, l'inverse n'est pas possible. L'homme est tenu d'en passer par la femme pour devenir père. En revanche, il peut être désigné père sans avoir jamais souhaité le devenir… voire sans être sûr de l'être vraiment. Menacés par ce qu'ils vivent comme une forme d'impuissance, ils se protègent comme ils peuvent contre le fantasme d'une femme omnipotente, qui aurait seule la maîtrise de la fécondité et du calendrier. Retarder le moment de procréer peut leur donner le sentiment de reprendre une partie de ce pouvoir.

Les « nouveaux pères » : une révolution douce

Après la révolution qui a vu les femmes sortir de leur foyer, les hommes, à leur tour, sont en train de changer. Et on ne mesure sans doute pas encore l'importance de ce bouleversement silencieux. Avec l'avènement des « nouveaux pères » apparus dans le sillage des années soixante-dix, le *pater familias* de jadis a pris un méchant coup de vieux. De génération en génération, les pères sont devenus de plus en plus proches et soucieux de leur progéniture. Les voilà aujourd'hui qui portent fièrement leur bébé en kangourou quand ils font les courses ou vont chercher leur enfant à l'école maternelle, rendant obsolètes ce que certains s'obstinent à appeler « l'heure des mamans. » Certes, ces papas-là savent qu'ils ne porteront pas le bébé pendant neuf mois, mais ils revendiquent de vivre au plus près de lui, dès son plus jeune âge, de s'occuper des tous premiers soins, et pas seulement d'être un partenaire de jeu, de lui témoigner de la tendresse sans pour autant craindre de perdre leur virilité. D'accord, ils sont encore peu nombreux à prendre une part active aux tâches ménagères, mais ils se sont rués sur le congé de paternité institué en 2002, qui leur permet de passer dix jours après la naissance auprès de leur femme et du bébé. Certains profitent des trente-cinq heures de travail hebdomadaire pour consacrer plus de temps à l'organisation du quotidien. Ceux qui travaillent dans des secteurs peinant à recruter commencent même à mettre des entreprises en concurrence, non pour négocier un meilleur salaire, mais pour choisir celle qui affiche un « mieux-disant familial », avec des horaires adaptés. Même s'ils ne représentent pas encore la majorité, ces pionniers font bouger les lignes : insensiblement s'impose l'idée que les bébés, ce n'est pas juste l'affaire des femmes. Les places assignées par la culture à chaque sexe sont en train de se dégager du carcan dans lequel elles étaient figées.

Le bébé, version (en)chantée

« *Elle voulait un enfant*
Moi je n'en voulais pas
Mais il lui fut pourtant facile
Avec ses arguments
De te faire un papa
Cécile, ma fille. »
(Claude Nougaro, *Cécile, ma fille*)

« *Pourquoi le ventre qui gonfle*
c'est jamais pour moi ?
J'voudrais bien être une fille
au moins pendant neuf mois,
me sentir moins inutile
et mettre au monde une fille
pour qu'elle soit un peu plus à moi. »
(Vincent Baguian, *C'est moi qui fais la fille*)

> « *J'ai trouvé le temps long*
> *et te voilà en face de moi*
> *Ça fait des mois que j'attends ça.*
> *[…] L'amour t'a porté*
> *Tu vas porter mon nom*
> *Je caresse un rêve*
> *Et j'y crois pour de bon.* »
> (Calogero, *La Bienvenue*)

« Tu nous imagines avec un bébé ? »

Quand bien même les hommes et les femmes de demain verraient s'estomper les différences qui les séparent, ils devront toujours faire face à cette étape incontournable : évoquer ensemble le projet de faire un bébé, au risque de découvrir qu'ils ne sont pas prêts au même moment. Cette phase-là se négocie avec doigté. Qui en parle le premier ? Comment amener le sujet sur le tapis ?

Avant d'être posée de façon ouverte, la question du premier enfant court souvent dans l'histoire du couple de mille façons implicites. L'air de rien, on observe l'autre pour voir comment il se comporte quand il y a des enfants dans les parages. On essaie de décoder certains gestes et certains silences. Si au moment de choisir une nouvelle voiture, il évoque l'acquisition d'une berline familiale pour remplacer le pot de yaourt qui lui sert de carrosse, on se dit qu'une vague idée se dessine peut-être dans un coin de sa tête… Les réflexions qui surgissent à l'improviste livrent aussi des indices : « Regarde ce bébé, il est trop marrant ! », ou bien « Elle est trop jeune pour devenir maman, cette fille ! Moi je trouve qu'il faut profiter de la vie avant. »

Souvent, on attend donc quelque temps avant de prononcer des mots qui engageraient de façon trop voyante celui qui les prononce. Puis vient un jour où le sujet se formule de façon plus directe. Soit parce qu'on sent que l'autre est peut-être prêt à entendre ce désir secret : « Tu nous imagines un jour avec un bébé ? Un bébé à nous ? » Soit au contraire parce qu'on souhaite dissiper un éventuel malentendu : « Je te préviens, moi, les mômes, ça ne me branche pas. »

Sortir de la fusion : une étape nécessaire

Lorsqu'on se heurte à la réticence du partenaire quand on aimerait se lancer dans l'aventure, le décalage fait forcément l'effet d'une douche froide. Alors qu'on se sentait sur la même longueur d'ondes pour tant de petites choses, nous voilà en désaccord sur un sujet fondamental. Le constat est amer. Pourtant, il n'y a pas là de quoi s'inquiéter outre mesure. C'est même plutôt une bonne nouvelle ! Car ce décalage va nous contraindre à sortir d'un idéal de couple fondé sur la fusion. S'il semble tout à fait normal de vouloir partager des choses avec celui ou celle qu'on aime, mieux vaut être conscient qu'il est impossible de vivre toute une vie en restant collés l'un à l'autre et en tombant toujours d'accord sur tout. Cette délicieuse illusion nous porte dans les premiers temps de la rencontre, durant ces moments suspendus où l'on se sent vivre en osmose avec l'être aimé. Mais dans un second temps, la relation doit évoluer vers autre chose si elle ne veut pas étouffer et s'éteindre. Dans la vie à deux, il ne s'agit pas de ne faire qu'un avec l'autre, il s'agit de vivre avec lui en respectant sa différence sans se sentir attaqué par elle. Le projet d'enfant, même et surtout quand il n'est pas synchrone, représente à cet égard une étape supplémentaire dans la maturation du couple qui conduit chacun à s'individualiser. Très souvent, l'interaction qui s'instaure entre les deux partenaires va ensuite faire évoluer leurs positions respectives. Chez celle ou celui qui ne se sent pas capable d'avoir un bébé, le regard confiant de l'autre peut l'aider à se découvrir sous un autre jour. Le miroir ainsi tendu change peu à peu la perception que l'on a de soi-même. Si on donne du temps au temps, la mue a souvent des chances de s'opérer. Un jour, on se découvre prêt à son tour.

Halte à la pression !

Il vaut mieux en tout cas éviter de mettre la pression sur son partenaire. La question de l'enfant peut en effet vite envenimer les relations si elle n'est pas portée par un véritable respect mutuel. Avant de se laisser envahir par la déception ou le ressentiment, la priorité consiste dans un premier temps à tenter de comprendre ce qui freine l'autre : question d'argent ? De liberté ? De peur ? De calendrier ? Il faut pouvoir écouter ce qu'il ou elle a à en dire, apprendre à se décentrer de soi-même pendant un moment pour regarder le monde à travers ses yeux, l'autoriser à exprimer des sentiments négatifs sans qu'il se sente jugé. Et garder la porte entrouverte pour l'avenir : si un bébé n'est pas possible dans l'instant, il le sera peut-être dans quelques mois. En attendant, la sagesse consiste à ne pas insister et à laisser l'idée mûrir à son rythme. Rien n'empêche de s'interroger dans le même temps sur ses propres motivations. Si on ne se sent pas capable d'attendre un peu pour faire un enfant, peut-être vaut-il la peine de questionner un désir aussi impérieux. Pourquoi nous faut-il un bébé, là, tout de suite ? Lorsque s'exprime un tel besoin, c'est parfois qu'on a un compte à régler avec son passé, une revanche à prendre, une blessure à réparer. C'est alors l'occasion de mettre à profit l'hésitation de son partenaire pour réfléchir à sa propre histoire.

De l'autre côté, il faut aussi savoir entendre la demande de celui ou celle qui souhaiterait un enfant, même si l'on ne se sent pas capable de la satisfaire dans l'instant. Entendre que c'est important pour elle ou pour lui, sans réagir par l'indifférence ou l'hostilité. Ne pas partager le même désir au même moment ne doit pas signifier qu'on est incapable de se comprendre...

Histoire d'une paternité

Si un désir d'enfant non partagé amène certains couples à se séparer, il arrive que l'amour et la volonté parviennent à surmonter les obstacles. Solenn et Arnaud vivent ensemble depuis plusieurs années. À 35 ans, elle exprime son désir d'avoir un bébé, mais lui refuse catégoriquement. Ayant une histoire familiale compliquée, il ne se sent pas capable de devenir père. Au bout de quelques semaines, elle lui annonce qu'elle a arrêté la pilule. S'il veut éviter une grossesse, à lui de prendre ses responsabilités ! Pour sa part, elle ne se sent plus capable d'assumer cette contraception que son désir réprouve. Curieusement, il ne veut pas mettre de préservatif. Pourtant, quand Solenn lui annonce qu'elle est enceinte, il persiste dans son refus d'avoir un enfant. Après avoir mûrement réfléchi, elle décide de garder le bébé quand même : pour elle, c'est maintenant ou jamais. Arnaud débute alors une thérapie pour tenter de comprendre et de dépasser ce qui rend cette paternité impossible à ses yeux. À la naissance, il accepte de reconnaître l'enfant, mais reste sur la défensive. La séduction du tout-petit l'aidera à parcourir le reste du chemin : l'enfant a créé le père.

L'altérité : une richesse plus qu'un obstacle

Au fond, le projet d'enfant oblige à se confronter avec l'altérité dans ce qu'elle a de plus inconfortable, mais aussi de plus fécond. Il augure bien de notre future vie de parents, quand l'enfant sera là : on est rarement d'accord sur tout dès qu'il est question d'éducation ! En acceptant de ne pas réaliser ce projet exactement de la façon dont on l'avait imaginé, au moment où on l'aurait souhaité, on accepte du même coup qu'il ne réponde pas uniquement à notre bon plaisir. Un vrai gage de maturité…

Pour cela, il faut réussir à lâcher un peu de soi-même, en comprenant que la différence n'est pas un obstacle, mais au contraire un composant essentiel de la parentalité. C'est de cette richesse que l'enfant va se

nourrir dès qu'il sera là : elle lui donnera le sentiment d'une certaine liberté, parce qu'il n'est pas né de la volonté d'une seule personne, qui serait alors placée en position de toute-puissance, mais de la convergence de deux désirs différents.
Le plus souvent, cette altérité nécessaire s'incarne dans la différence des sexes : d'un côté un papa, de l'autre une maman. Mais elle peut aussi s'exprimer au sein d'un couple de même sexe. Certes, l'enfant devra alors construire ailleurs qu'au sein de son foyer sa compréhension du masculin et du féminin. Peut-être aura-t-il à affronter un regard social chargé de méfiance envers cette famille « hors-nature ». Mais il grandira du moins avec ce double ancrage si précieux : le désir partagé de deux personnes qui s'aiment et souhaitent élever un enfant ensemble. Que la filiation soit biologique ou non semble à cet égard de peu d'importance. L'essentiel tient en une question : dans le couple, quelle place fait-on à l'autre ?

Quand les deux désirs restent inconciliables

Quelquefois, le désir d'enfant bute sur un roc inébranlable : le refus, ferme, durable et définitif, du partenaire, qui ne veut pas – ou qui ne peut pas – envisager cette éventualité quelle qu'en soit l'échéance. Soit parce qu'après avoir eu d'autres enfants, il se sent trop âgé pour remettre le couvert. C'est souvent le cas dans des couples recomposés où des pères divorcés refont leur vie avec des femmes plus jeunes. Soit parce que son histoire personnelle rend impensable la perspective d'avoir des enfants. Certaines IVG surviennent dans ces contextes douloureux où la femme enceinte avorte contre son propre désir. Si sa souffrance n'est pas reconnue par son partenaire, la rancœur sera probablement au rendez-vous et les risques sont grands qu'un jour, elle resurgisse et que le couple se sépare.

Quand ni le temps, ni les arguments ne réussissent à faire pencher la balance en faveur de l'enfant, celle ou celui qui le désire doit alors arrêter un choix, souvent cornélien : soit rester avec son partenaire, soit rompre parce qu'en dépit de l'amour qu'on lui porte, on veut un jour connaître l'expérience de devenir père ou mère. Dans un cas comme dans l'autre, cela implique de faire le deuil de ce qu'on perd. Processus forcément difficile et pénible. Mais processus nécessaire : si l'on continue à vivre avec son partenaire, il faut savoir pourquoi on le fait et surtout, avoir balayé les ressentiments que l'on pouvait nourrir à son égard. Si l'on s'en va, on doit aussi comprendre pourquoi le désir d'enfant l'emporte sur l'histoire d'amour, afin d'éviter plus tard le regret d'être passé à côté de sa vie. Comprendre peut-être aussi pourquoi on est tombé amoureux précisément de la personne qui ne pouvait pas nous offrir un bébé. Un petit tour du côté de l'inconscient peut alors éclairer nos lanternes…

Faire un bébé toute seule ?

Faut-il faire taire son désir de maternité lorsqu'on n'a pas trouvé l'homme avec lequel on pourrait fonder une famille ? Certaines femmes choisissent de répondre par la négative, soit en adoptant un enfant, soit en cherchant à tomber enceinte sans inclure le géniteur dans le projet de bébé. Dans ce choix, c'est moins l'aspect pratique que le sens d'une telle démarche qui doit être interrogé. Après tout, même si leur quotidien s'avère souvent très lourd à porter, nombre de femmes réussissent à élever seules leur enfant après que le père les a abandonnées. Mais il y a une nuance entre cette famille monoparentale issue des aléas de la vie et celle qui se constitue par choix. Que signifie ce désir d'enfant qui élimine sciemment l'homme de la vie familiale ? Une revanche sur un père absent ou maltraitant ?

La reproduction d'un matriarcat déjà à l'œuvre dans les générations précédentes ? Si on souhaite se lancer dans un tel projet, mieux vaut être au clair avec ces questions. Il faudra en effet un jour expliquer à son enfant pourquoi on l'a volontairement privé de son père. Et lui permettre symboliquement de se choisir une figure paternelle de substitution.

CHAPITRE 6
UN DÉSIR SANS CESSE QUESTIONNÉ

Après la naissance du premier bébé, on n'en a pas pour autant fini avec les doutes et les hésitations. Quand programme-t-on un petit frère ou une petite sœur ? Y a-t-il de la place pour un troisième ? Et pour les accidents de parcours ? À chaque fois, le désir d'enfant nous réinterroge et nous conduit sur des chemins que nous n'avions pas forcément prévus.

Le prochain bébé, une formalité ?

Ça y est, vous avez sauté le pas ! Vous voilà des adultes accomplis : vous avez donné naissance à votre premier enfant. Finies les prises de tête sur « Un bébé-pourquoi-pas-peut-être-mais-pas-tout-de-suite » ? Pas si sûr ! Certes, on pourrait croire qu'après avoir franchi cette étape décisive, la question se posera pour la ou les grossesse(s) suivante(s) avec moins d'angoisses et plus de sérénité, que la suite

de l'histoire s'enchaînera presque comme une formalité. C'est à la fois vrai et faux.
Vrai, parce que la révolution, la vraie, consiste bel et bien à devenir parents. En passant du désir à sa réalisation, du possible au concret, on a changé définitivement de statut. Certains doutes appartiennent désormais au passé : avec cette première naissance, on a expérimenté les transformations psychiques liés à la paternité ou à la maternité, réorganisé son quotidien, rompu le tête-à-tête du couple. Bref, on a enclenché une métamorphose qui nous a fait parcourir intérieurement en quelques mois l'équivalent de la distance entre la Terre et la Lune.
Faux, parce qu'avoir répondu une première fois à cette question ne préjuge pas de l'avenir ni de la facilité avec laquelle on va y répondre par la suite. Chaque projet d'enfant porte en lui des enjeux différents, parce qu'il se fait jour dans une situation particulière, même s'il met en présence (en général) les mêmes protagonistes. D'autant que de nouveaux freins peuvent agir, auxquels on n'avait pas pensé tant qu'on ignorait encore ce que c'était qu'être parents.

Dans le tourbillon de la vie qui naît

Lorsque paraît le premier enfant, il bouscule une bonne partie de nos repères. Même ceux qui se pensaient avertis, pour s'être occupés des bébés de

la famille ou des copains, découvrent avec un zeste d'effarement le quotidien avec un tout-petit. Bien sûr, ils avaient pressenti que cela réclamerait du temps et de l'énergie. Mais qui n'a pas éprouvé cette expérience à la fois délicieuse et déroutante d'être le père ou la mère d'un nourrisson ne peut réaliser vraiment ce que cela veut dire. Dans les premières semaines, le temps file et glisse entre les doigts comme une eau vive, les certitudes vacillent et l'idée prend corps qu'être parent se vit à temps complet, jour et nuit, sans relâche et sans répit. Pour ceux qui avaient idéalisé ce moment rare, l'atterrissage s'avère difficile. À l'inverse, ceux qui s'en faisaient une montagne trouvent parfois la réalité moins apocalyptique que dans leurs pires angoisses. Bref, les représentations qui dansaient dans nos têtes avant la naissance doivent subir quelques modifications… d'autant qu'un petit inconnu s'est invité dans la partie, et que c'est lui qui mène le bal !
Dans ce tourbillon, les relations amoureuses connaissent elles aussi des turbulences. Chacun cherche sa place, pas encore très à l'aise avec son nouveau rôle. Concilier les différentes casquettes, se partager entre l'enfant et le conjoint, transposer une partition à deux en trio harmonieux, tous ces ajustements se font rarement sans frictions ni tâtonnements.

Ils ont dit…

« Quand on devient mère, c'est toujours pour la première fois, et, face à celle qui en fait l'expérience, ce qui est devant et qui doit se faire est et restera terre inconnue […] Rien ne peut laisser présager ce que sera cette attente d'un nouvel enfant. »
(Sophie Marinopoulos, *Dans l'intime des mères*)

« Envisager une deuxième grossesse pose d'autres questions. Car l'expérience de la première est vivace de même que la conscience de ce que représente, dans la réalité et non plus dans le fantasme, la naissance d'un enfant. »
(Bernard Geberowicz, Colette Barroux, *Le Baby-clash)*

Quand le réel retouche l'idéal

Au moment d'envisager un second enfant, la façon dont on a vécu cette première expérience remonte nécessairement à la surface, induisant des questionnements et peut-être des inquiétudes nouvelles : « Notre couple a déjà eu du mal à se remettre de ce premier séisme, n'est-ce pas risqué de lui faire vivre de nouveaux bouleversements ? », « Vais-je pouvoir aimer mon cadet aussi fort que j'aime l'aîné ? », « Comment allons-nous nous organiser avec un bébé à la crèche et un petit à l'école maternelle ? » Chaque projet d'enfant remet en jeu l'équilibre qu'on a eu parfois tant de mal à atteindre. Ainsi, il faudrait à nouveau tout changer ? Oui, parce que la vie est mouvement et que l'immobilité signifie la mort. Oui, même si ce réaménagement n'est pas toujours confortable. Heureusement, le plus souvent, l'envie de créer une famille et de donner un petit frère ou une petite sœur à son enfant l'emporte sur les réticences : puisqu'on a été capable de devenir parent une première fois, on devrait bien arriver à s'en sortir...

Mais il arrive aussi que l'expérience vécue menace de barrer la route à un nouveau bébé. Peu de couples rêvent de s'arrêter à un seul enfant. Mais quand la première grossesse a été compliquée voire dangereuse à mener jusqu'à son terme, quand l'accouchement a laissé de cuisants souvenirs, quand on n'a pu donner naissance à son premier enfant qu'à un âge déjà assez avancé, ou quand on traverse de graves difficultés économiques, on y réfléchit à deux fois avant de se relancer dans l'aventure. On met alors en balance l'image de la famille qu'on avait rêvée avec tous les inconvénients d'une nouvelle grossesse. Un bébé, oui ou non ? La question revient, lancinante. Pas tellement plus simple à résoudre que la première fois. Dans certains cas, le temps efface les mauvais souvenirs et suffit à redonner le désir d'un enfant pourvu qu'on veuille bien attendre un peu. Dans d'autres, la dure réalité impose de renoncer à l'idéal pour s'accommoder d'une famille moins féconde que prévu.

L'enfant unique, famille modèle ?

Même si, dans l'idéal, la majorité des Français rêve de faire poser deux enfants sur la photo de famille, la réalité statistique apparaît légèrement différente : ce sont les familles avec un seul enfant qui sont les plus nombreuses. Elles représentent 43 % du total des familles ayant des enfants de moins de 25 ans. Viennent ensuite les familles avec deux enfants (39 %) et, largement derrière, celles avec trois enfants (19 %). Les tribus vraiment nombreuses, qui totalisent quatre enfants ou plus, arrivent en queue de peloton, avec à peine 5 %.

(Source : INED, enquêtes annuelles de recensement réalisées de 2004 à 2006).

De la fratrie rêvée au projet partagé

Lorsqu'une seconde grossesse est envisagée, la question centrale va porter, comme lors du premier enfant, sur le moment *ad hoc* pour la programmer.

Mais l'enjeu caché derrière ce choix n'est plus tout à fait de même nature. On ne s'interroge plus sur sa propre capacité à être suffisamment mûr pour l'aventure, on débat désormais de l'écart idéal qui doit séparer les enfants de la fratrie. Écart idéal pour eux… ou pour nous ? Il est amusant de constater qu'avant de devenir parents, nous avons plutôt tendance à avancer des arguments pour le bien des enfants : « Faisons-les rapprochés pour qu'ils puissent jouer ensemble et avoir des centres d'intérêt communs. » Une fois le premier enfant né, l'écart idéal a souvent tendance à devenir plus élastique et les arguments portent davantage sur notre confort de parents un peu malmené durant les derniers mois : « On va peut-être attendre un peu, le temps de récupérer de la fatigue du premier. »
Là encore, le décalage avec le partenaire complique la donne. L'écart d'âge entre les enfants est en effet quelquefois source de débats, voire d'incompréhension dans le couple. Au départ, chacun a une idée plus ou moins affichée du programme qu'il souhaiterait mettre en musique. Tout comme notre désir d'enfant s'incarne dans un bébé imaginaire lové dans notre inconscient, notre désir de famille s'appuie sur une fratrie rêvée : on couve dans sa tête un nombre idéal de petites filles et de petits garçons, séparés par la différence d'âge qui semble la plus

appropriée. Ce modèle s'inspire souvent des archétypes de l'époque, mais aussi de ce qu'on a vécu soi-même enfant, soit pour en reproduire certaines caractéristiques, soit au contraire pour les éviter. Une jeune femme qui a grandi dans un conflit permanent avec ses sœurs peut ainsi souhaiter ardemment n'avoir que des garçons pour éviter les « crêpages de chignons » dont elle a tant souffert. Une autre rêver de reconstruire à l'identique la structure familiale de son enfance dont elle garde la nostalgie. Mais cette fratrie rêvée va devoir se frotter à celle du conjoint. De cette confrontation naîtra dans le meilleur des cas un projet partagé, qui empruntera un peu d'ici, un peu de là.

Mettre à plat les conflits

Mais il arrive que les deux désirs se découvrent incompatibles et qu'un bras de fer s'engage, l'un insistant pour mettre en route une seconde grossesse sans trop attendre, l'autre freinant des quatre fers en arguant que ce n'est pas le moment. Une nouvelle fois, ces tiraillements mettent à l'épreuve la capacité du couple à s'entendre, au sens propre comme au sens figuré. Derrière une demande trop pressante ou un refus obstiné, il faut parfois lire une fidélité inconsciente à la lignée dont on est issu. Or pour réussir à bâtir un projet commun, chacun doit réussir à se détacher un minimum de sa famille d'origine et des loyautés qui le lient à elle. Sinon, le conjoint risque de se sentir embarqué dans une histoire qui n'est pas la sienne.

À moins qu'il ne s'agisse d'une épreuve de force reflétant une crise larvée du couple. Souvent, l'arrivée du premier enfant a mis à mal certains équilibres, à la fois sur le plan des sentiments et dans l'organisation quotidienne. Le projet d'un second bébé peut raviver les rivalités qui irriguent souterrainement la vie commune. Si par exemple une femme a l'impression d'avoir mis sa vie professionnelle entre parenthèses depuis la naissance de son premier enfant sans que cela soit reconnu par son compagnon, elle risque d'en retirer un sentiment d'injustice : « Pendant que je rame, il continue de grimper les échelons et de s'éclater dans son job. » À moins que ce ne soit lui qui ait mal vécu le duo fusionnel de sa femme avec son bébé et se sente exclu de la vie de famille. Le conflit feutré autour de la naissance du second cache alors bien autre chose.

Quelles que soient les causes du malaise, il est important de les mettre à plat pour que la naissance du second enfant ne fasse pas tout voler en éclats. Les crises dans le couple sont normales, elles signent la nécessité de s'adapter aux changements. Mais lorsque s'accumulent en silence les motifs de rancœur, on s'expose à ne faire face à la crise que quand il est trop tard : il s'agit alors de régler des comptes devenus exorbitants. Mieux vaut y réfléchir ensemble avant : essayer de comprendre pourquoi on tient tant à faire un second enfant maintenant et pas plus tard. Comprendre pourquoi au contraire on s'y refuse. Entendre les raisons de l'autre. Exposer les siennes. Ce sont aussi ces moments de crise qui nous font grandir…

Pour chaque grossesse, une histoire particulière

Après la naissance du deuxième enfant, beaucoup de couples estiment avoir atteint leur objectif, surtout si la nature leur a offert le « choix du roi » : une fille et un garçon. Certains, pourtant, choisiront de poursuivre l'aventure en donnant naissance à d'autres bébés. À chaque fois, ces grossesses répondront à des attentes un peu différentes et raconteront une histoire particulière : celui-ci sera l'enfant de la maturité, celui-là le garçon que jusqu'alors la nature avait refusé de nous donner ou encore le fruit de la réconciliation après une crise de couple. Ou alors, c'est tout simplement l'enfant du hasard, celui dont la grossesse s'est annoncée alors qu'elle n'était pas programmée. Ou encore celui d'une seconde vie. Car il faut aujourd'hui aussi compter avec les aléas du couple. Séparation, nouvelle rencontre, ces virages désormais presque banals réactivent des questionnements qu'on croyait derrière soi. Parce que le partenaire d'aujourd'hui voudrait partager l'aventure d'un bébé, on rouvre une porte qu'on croyait fermée. Quelle que soit la situation et le moment, le désir va devoir affronter la raison, dans un débat à l'issue toujours incertaine : pourra-t-on financièrement assumer une telle charge ? Assurer un avenir à chacun de ces enfants ? Donner une place égale au bébé à naître et aux enfants issus d'unions précédentes ? Souvent, cette réflexion nous entraîne bien plus loin que les simples considérations pratiques, en nous interrogeant sur le sens que l'on donne à sa vie.

Puis vient un jour où l'on clôt définitivement la liste des enfants sur le livret de famille. Cet enfant, qu'il soit numéro un, deux, trois ou quatre, on décide qu'il est le dernier. Qu'on en a fini avec les bébés. Question d'âge, de dynamisme, de moyens financiers. À moins que ce ne soit la ménopause précoce qui vienne sonner la fin de la partie. On doit faire alors tout à la fois le deuil de cet enfant qui restera à jamais dans les limbes, le deuil de sa fécondité et le deuil d'une certaine jeunesse. Douloureuse chez celles pour qui la féminité rime forcément avec maternité, cette étape ouvre aussi sur autre chose. Certes, ces deuils-là nous rapprochent en pensée de notre propre fin. Mais ils permettent d'envisager la perspective pas si lointaine de retrouver une certaine liberté, une fois les enfants devenus grands.

Le désir se conjugue au présent

Au terme de l'itinéraire qui nous fait parents, rares sont ceux qui peuvent afficher une famille telle qu'ils l'imaginaient au départ. Parfois, on a dû renoncer en chemin à des enfants rêvés, parfois au contraire on s'est poussé pour faire de la place à un invité de dernière minute. Parfois aussi, on a interrompu des grossesses parce qu'elles ne trouvaient pas leur place dans notre vie. Qu'en conclure ? Que l'être humain est une girouette sans conscience ni constance ? Plus simplement, que cette histoire-là est imprévisible, parce que désirer un enfant ne se conjugue qu'au présent, dans le « ici et maintenant ». C'est ce qui explique qu'une grossesse patiemment attendue pendant des années se solde parfois par une IVG quand elle arrive trop tard. Ou qu'après avoir choisi de ne pas garder un bébé, on veuille à tout prix retomber enceinte. Les regrets et les remords n'y changent rien : il faut accepter que la vie nous fasse changer d'avis, sans pour cela s'en sentir coupable. Les femmes qui avortent sont les mêmes que celles qui donnent naissance à des enfants, à des moments différents de leur vie. Les hommes qui désirent ardemment être pères sont les mêmes que ceux qui refusent un enfant à leur nouvelle compagne. Mystérieux et indomptable, le désir d'enfant ne se décrète pas. Il se cueille à la volée ou reste en graine. Toujours unique, sans cesse à reconsidérer. C'est aussi cela qui en fait tout le prix...

Un petit dernier arrivé trop tard...

Depuis longtemps, Maud et Serge rêvent de vivre à la tête d'une famille de quatre enfants. Ils en ont déjà trois, et pensent souvent que si une nouvelle grossesse survenait de façon impromptue, ils l'accueilleraient comme un cadeau. Pourtant, Maud n'arrive pas à franchir le pas et à arrêter volontairement sa contraception. Elle finit par donner tous les vêtements de bébé qu'elle gardait jusqu'alors précieusement. Six mois plus tard, alors qu'elle vient de fêter ses 40 ans, elle s'aperçoit que malgré son stérilet, elle est enceinte. À sa grande surprise, elle le vit comme une véritable catastrophe, n'arrive pas à se projeter dans l'avenir avec ce futur bébé et voit tout en noir. En accord avec son mari, elle décide d'avorter. Ce petit quatrième dont elle avait déjà fait le deuil ne pouvait plus trouver sa place à ce moment-là de leur histoire.

CHAPITRE 7
QUAND LA VIE CONTRARIE NOS PROJETS

Lorsqu'on se décide à tenter l'aventure d'un enfant, la nature ne répond malheureusement pas toujours à notre désir. Parfois, elle interrompt des grossesses avant leur terme. Parfois aussi, elle refuse de féconder le couple qui le souhaite tant. La souffrance est alors toujours au rendez-vous. Pour dépasser cette épreuve, il faut en passer par un travail de deuil. Alors seulement il devient possible de vivre sereinement avec cet enfant qu'on n'aura jamais.

Fausse couche, vrai chagrin

Il y a quelques semaines, le test de grossesse avait dessiné la bonne nouvelle en rose sur la petite bandelette blanche : résultat positif ! Le grand chambardement commençait, et avec lui, les petits malaises physiques, les angoisses, mais aussi cette joie sauvage de sentir la vie pousser en soi. Et puis aujourd'hui, tout s'est arrêté. Des saignements ou une échographie silencieuse ont livré leur verdict : c'est une fausse couche. Drôle de nom pour un vrai chagrin…

Dans les trois premiers mois de la grossesse, ces interruptions spontanées de grossesse sont fréquentes : on estime qu'elles touchent au moins 15 % des grossesses. Sans doute ce chiffre se situe-t-il même en dessous de la réalité, car certaines surviennent très tôt, avant même que la femme ne se rende compte qu'elle est enceinte. Sur le plan médical, un tel événement n'a donc rien d'inquiétant et peut sembler anodin. Mais pour celle qui le vit, c'est une histoire qui se brise et laisse parfois des cicatrices. Des années plus tard, certaines femmes gardent encore en mémoire la souffrance de ce moment-là. Bloquées sur leur douleur parce qu'elles n'ont rien pu en dire. Aux yeux de l'entourage, une fausse couche apparaît souvent comme un incident de parcours banal et somme toute mineur : « Ne t'inquiète pas, tu vas vite refaire un bébé, et cette fois, ça marchera ! » Des encouragements qui n'entendent pas toujours la tristesse, la déception, voire la détresse de ces mères stoppées en plein vol. Car ce qu'elles ont perdu n'a souvent rien à voir avec l'embryon à peine formé de la réalité.

La grossesse rend vulnérable

Ce qu'elles pleurent intérieurement, c'est un enfant. C'est d'ailleurs comme cela qu'elles le disent : « J'ai perdu mon bébé. » Lorsque la grossesse répond à un vrai désir, le fœtus est aussitôt investi sur le plan affectif. Dans l'imaginaire de sa mère, il a déjà une frimousse, un tempérament, une histoire bien à lui. C'est le signe qu'elle se projette avec lui dans l'avenir. Attachement instinctif et immémorial, que vient renforcer aujourd'hui tout ce qu'on sait sur le développement d'un petit d'homme, y compris durant sa vie utérine : les images échographiques dévoilent un fœtus si joliment humain, qui baille ou suce son pouce dans sa petite piscine privée. Clichés magiques qui nous confirment que le bébé est une personne et qui colorent désormais nos représentations de la grossesse dès les premiers jours.

À cela s'ajoute qu'une femme enceinte est psychiquement plus fragile. Les larmes perlent souvent au coin de ses paupières, les émotions la submergent comme des lames de fond. Son identité est en plein remaniement pour se préparer à son futur rôle maternel. Du coup, ce qui était barricadé jusqu'alors dans l'inconscient se libère : désirs inconscients, fantasmes, angoisses remontent à la surface. Le traumatisme de la fausse couche va donc être parfois vécu avec une intensité très forte du fait de cette vulnérabilité.

Enfin, en particulier quand elles ne sont pas déjà mères, certaines femmes se sentent atteintes dans leur féminité : « Si ma grossesse ne tient pas, pensent-elles, c'est que je ne suis pas capable de porter un enfant. » La crainte de ne jamais y parvenir obscurcit alors l'horizon.

Une réaction salutaire plus qu'un échec

Sans doute faudrait-il renverser la perspective : ce n'est pas la fausse couche qui relève de l'anormalité, c'est bien plutôt la naissance qui tient d'un miracle toujours recommencé ! Les prodiges de la médecine et de la technologie nous font souvent oublier l'infinie complexité du vivant. Quand on prend le temps de s'arrêter sur tous les mécanismes nécessaires pour que quelques cellules donnent naissance à un bébé neuf mois plus tard, on est pris de vertige. Les interruptions spontanées de grossesse se vivraient sans doute un peu moins mal si on les regardait non comme un échec, mais au contraire comme le signe que la machine à fabriquer des bébés fonctionne bien : c'est souvent parce que l'œuf portait en lui une anomalie que la gestation s'interrompt. Cette sélection naturelle apparaît dès lors plus salutaire que cruelle. Encore faut-il pour cela s'être préparée psychologiquement à cette éventualité pendant les premières semaines qui suivent la révélation de la grossesse. Certains gynécologues conseillent d'ailleurs à leurs patientes de ne pas annoncer trop vite qu'elles sont enceintes, et d'attendre pour cela que soient passés les fameux trois premiers mois. Une manière de prendre un tout petit peu de distance avec l'événement et l'empêcher de prendre trop de place : si l'on sait qu'elle est susceptible d'arriver, la perte en sera peut-être un peu moins difficile à accepter. Ce qui ne signifie nullement qu'on n'ait pas le droit d'en être affectée ! Si on se sent envahie par la peine, il est important d'aller en parler. Évoquer l'histoire que l'on s'était racontée sur ce bébé, les espoirs qu'il avait fait naître, voire les traumatismes antérieurs que la fausse couche a réveillés permettra à la souffrance de ne pas s'enkyster. Il faut parfois en passer par là pour dire au revoir à cet enfant à jamais inconnu et pouvoir ensuite imaginer une nouvelle grossesse.

Au carrefour de trois désirs

Pour faire un bébé, il faut que l'inconscient de la maman le désire, il faut que celui du papa le désire… Mais cela ne suffit pas ! Il faut aussi que l'embryon rajoute son grain de sel. Cette intuition de Françoise Dolto, selon laquelle l'enfant à naître « se donne vie par son désir de vivre » a été confirmée par les observations cliniques. Quand un œuf est fécondé, c'est lui qui doit envoyer des messages au cerveau pour que le corps secrète de la progestérone et lui permette de se développer. Si cet œuf ne se manifeste pas, la fécondation se solde par une fausse couche, qui passe généralement inaperçue car elle se produit dans les premières heures de grossesse. Seul un œuf fécondé sur deux envoie ce message. De quoi relativiser la part de responsabilité qu'une maman s'attribue souvent lorsque sa grossesse s'interrompt spontanément.

Une détresse mal prise en charge

Encore plus traumatisantes sont les interruptions médicales de grossesse qui surviennent après les trois premiers mois de grossesse. Le dépistage prénatal permet aujourd'hui de repérer des malformations ou des handicaps graves. Or, les relations entre la mère et son bébé sont à ce moment déjà installées dans un échange intime chaque jour plus proche. Il faut donc prendre la décision d'arrêter cette gestation qui se passe mal ; le sentiment de responsabilité qui préside à ce geste n'est jamais très loin de la culpabilité, dans un contexte où la mère est déjà ébranlée. Parfois encore, l'échographie révèle que le fœtus est mort *in utero*.

Après de telles épreuves, il faut bien sûr réussir à faire le deuil de cet enfant. Jusqu'à il y a peu, les fœtus de moins de six mois de gestation n'avaient pas d'existence légale et ne pouvaient figurer sur le livret de famille. Aujourd'hui, les choses sont en train de changer lentement. Mais il reste douloureux de se séparer de cet enfant fantôme…

À ce poids déjà accablant s'ajoute parfois la maladresse d'un personnel médical peu formé pour accueillir cette détresse. « Vous en referez un autre ! », cette phrase sonne comme une consolation bien dérisoire quand on vit la perte dans ce qu'elle a de plus féroce. Chez certains médecins, la mort du fœtus signe leur impuissance à influer sur le cours des choses. Insupportable pour eux aussi, cet événement est alors balayé, dénié, fui parce qu'ils ne peuvent assumer ce qu'ils vivent comme un échec.

Quand le désir se transforme en besoin

Contrarié, le désir l'est d'une autre manière quand le couple est confronté à un problème de fertilité. Mais la souffrance est là encore au rendez-vous. La difficulté à faire un enfant est vécue d'autant plus douloureusement que la contraception a pu laisser penser pendant des années au couple qu'il avait la maîtrise de cette affaire-là. Lorsque la réalité manifeste le contraire, des sentiments pénibles s'entremêlent : chagrin et colère, honte et culpabilité. Parce qu'on souffre de ne pas être comme les autres, parce qu'on rougit de se sentir « incompétent », parce qu'on regrette d'avoir trop tardé. Le corps devient ce traître qui nous lâche en rase campagne sans qu'il soit possible de comprendre pourquoi. Des questions surgissent, obsédantes : de quel pêché, de quelle erreur est-ce donc la punition ? Cette pilule qui nous a autorisé des années de plaisir sans grossesse, est-ce qu'on n'est pas en train aujourd'hui d'en payer le prix ? Cet avortement décidé à 20 ans n'était-il pas la seule chance qui nous était donnée de devenir mère ? La vue des femmes enceintes devient alors insupportable, parfois aussi celle des amies qui ont des enfants. Au fil des mois, le désir d'enfant se transforme en un besoin impérieux. Et cette blessure en creux finit par contaminer la vie entière : impossible de penser à autre chose ! Plus rien ne compte que d'atteindre ce but qui se dérobe obstinément. Pour ne rien arranger, le caractère obsessionnel de cette quête est encore renforcé par le protocole médical qui envahit le quotidien. Comment penser à autre chose qu'à cette grossesse rétive quand on doit subir des injections à heure fixe pour stimuler les ovaires ? Quand les rendez-vous chez le spécialiste succèdent aux analyses, les analyses aux gestes chirurgicaux, les gestes chirurgicaux aux investigations ? Dans ces moments éprouvants, pour le corps comme pour l'esprit, beaucoup de couples s'accrochent à l'idée que seule la venue d'un bébé pourra combler ce vide insupportable et apaiser leur souffrance. Du coup, ils se placent parfois dans une demande perpétuelle et insatisfaite, changent de médecin, d'équipe, d'hôpital en essayant de viser les plus performants, entament une course contre la montre pour répondre à ce qu'ils vivent comme une urgence.

Quelques précisions sur l'infertilité

On considère généralement qu'il y a un problème de fertilité quand un couple ne peut obtenir une grossesse après un an de rapports sexuels réguliers. Environ un couple sur sept est amené à consulter un médecin au moins une fois pour une présomption d'infertilité. Un sur dix subit des traitements. En 2005, l'assistance médicale à la procréation était à l'origine de 2,4 % des naissances en France.

(Source : rapport 2008 de l'Agence de la biomédecine)

Le corps n'est pas une machine

Le cruel paradoxe de cette quête désespérée, c'est qu'elle va souvent à l'encontre de tout ce qui fonde l'acte de faire un bébé. Elle exige tout, tout de suite, quand il faudrait accepter de s'inscrire dans la durée, elle oublie le plaisir pour ne viser que l'efficacité, elle convoque la maîtrise du geste technique alors que rien ne vaut une certaine forme de lâcher prise. Sans doute faudrait-il que le corps médical s'interroge sur ce qu'il induit auprès de ces parents accrochés au moindre espoir et prêts pour cela à vivre un véritable chemin de croix. Plutôt que de se lancer dans une surenchère procréative, il serait préférable de comprendre que le corps n'est pas une machine. Prendre le temps de scruter autre chose que les courbes de température. Une fécondité défaillante vient parfois dire des choses sur notre histoire, elle peut remplir une fonction particulière qui consiste à protéger celui ou celle qui souffre d'une grossesse impensable. Certaines fécondations sont ainsi bloquées par des événements tragiques du passé : décès d'une personne proche lors de l'accouchement, problèmes à la naissance… La représentation de la maternité apparaît alors tellement chargée de souffrance qu'elle en devient impossible. Dans d'autres cas, c'est l'image des parents ou une peur archaïque qui viennent faire barrage.

Bien sûr, il ne s'agit pas de vouloir tout « psychologiser ». Il existe mille et une causes de stérilité, certaines psychiques, d'autres fonctionnelles, et la parole ne résout pas tout comme par magie. Mais elle a au moins pour vertu de mettre en mots la souffrance et de désamorcer ainsi cette grenade qui mine le couple de l'intérieur. En éclairant les sentiments parfois confus, toujours douloureux qui nous animent, en réfléchissant aux raisons qui font de cette grossesse impossible un enjeu aussi vital, en donnant du sens à ce qui pour l'instant n'en a pas, on peut se réapproprier une partie de cette histoire qui nous échappe. Parfois, ce travail lèvera les freins qui rendaient la grossesse impossible. Dans d'autres cas, il permettra de comprendre qu'un enfant ne peut pas s'inscrire dans notre vie à ce moment-là. À moins tout simplement qu'il ne nous aide à aller de l'avant pour dépasser ce manque, s'orienter vers une adoption ou choisir une manière d'être fécond dans un autre domaine.

Maternité symbolique

En Afrique noire, la femme existe par la maternité. Si elle n'a pas d'enfant, elle n'a pas de place ni de statut au sein de la société dans laquelle elle vit. Pour éviter qu'elle ne soit jalouse et ne jette des sorts sur les femmes enceintes, il arrive qu'on lui confie l'enfant d'une autre femme qui est à la tête d'une famille nombreuse. Elle devient alors symboliquement une mère et peut de ce fait s'intégrer à la communauté.

Une place pour l'enfant impossible

Finalement, quelle que soit la forme que le destin lui donne, le désir contrarié dessine toujours en creux la même figure : celle de l'enfant impossible. Celui qui n'a pu être conçu, celui qui n'a pas survécu à la grossesse, celui auquel il a fallu renoncer, tous ces enfants ont en commun le vide qu'ils laissent au fond de nous. Faits de l'étoffe des rêves, ces petits fantômes nous accompagnent à pas silencieux tout au long de notre existence. Pour pouvoir continuer à vivre sans qu'ils nous entravent, on ne peut faire l'économie d'un travail de deuil. Souvent, il faudra d'abord en passer par le déni, la colère, la tristesse avant de réussir à accepter leur absence. C'est seulement au terme de ce parcours, long et douloureux, qu'on pourra arrêter de regretter ce qui n'est pas advenu pour les regarder avec sérénité. Comprendre que ces enfants existent d'avoir existé dans nos têtes à défaut d'être nés à la vie. Pour cela, il faut avoir parlé la douleur de ne pas les avoir connus. Avoir pu dire aussi qu'on les a aimés. Même quand on a choisi délibérément de ne pas les garder, même quand ces enfants étaient imaginaires, l'amour, lui, était bien réel. Plutôt que de les chasser comme des pensées importunes et douloureuses, sans doute gagnerait-on à laisser de la place à ces ombres légères qui gravitent dans nos pensées. Ces enfants-là nous ont manqué, mais ils nous ont aussi amené à grandir pour devenir ce que nous sommes aujourd'hui. Reconnaître la place qu'ils ont occupée dans nos vies rend paradoxalement leur absence un peu plus légère. À nous de leur accorder le regard tendre et apaisé qu'ils méritent.

CHAPITRE 8

AVANT DE SE LANCER, CE QU'IL VAUT MIEUX SAVOIR

À l'heure de réaliser un projet d'enfant, mieux vaut se défaire d'un objectif trop ambitieux et accepter l'idée d'être les parents imparfaits d'un bébé qui le sera tout autant. Moins stressé par l'enjeu, on sera alors plus à même d'accueillir l'enfant non pour ce qu'on voudrait qu'il soit, mais pour ce qu'il est vraiment. Avec ses qualités, mais aussi ses défauts.

Qui es-tu, petit inconnu ?

La joue qui dessine une courbe douce sur le drap, l'oreille si petite et pourtant parfaitement ourlée, les plis et replis, la peau comme un velours, la lèvre tremblant dans le sommeil… Quand enfin le bébé sort de sa cachette intime et livre ses premiers secrets, on ne se lasse pas de le regarder. On pourrait même ne faire que ça, scruter ce berceau où se dévoile enfin le mystère de ces neuf derniers mois. Bien sûr, les échographies avaient déjà projeté une image de celui qui grandissait à l'ombre du ventre maternel. Mais une image un peu floue, indistincte, virtuelle. Aujourd'hui, c'est le corps de l'enfant réel que l'on contemple, avide d'apprendre qui il est vraiment. On s'étonne de sa petitesse, on traque les ressemblances avec les divers membres de la famille. Alors qu'il y a quelques mois encore, on imaginait les nourrissons tous pareils, on découvre, ébahi, à quel point les bébés réunis par le hasard dans cette maternité ont déjà chacun une identité propre. Unique. Et celui-là qui nous fait face, c'est le nôtre ! En plongeant dans la profondeur de son regard sans âge, on s'interroge : que voit-il ? Que pense-t-il ? Telle est la magie des premiers instants qui réunit l'enfant et ses parents après l'accouchement : ils font connaissance. Merveilleuse rencontre, vibrante d'émotion. Mais une rencontre pas tout à fait aussi simple qu'on ne l'imagine.

Du poupon joufflu à la crevette gracile

Le bébé imaginaire qui logeait dans un coin de notre tête ne laisse pas tout d'un coup la place à celui qui est né dans la réalité. Il va souvent falloir opérer un travail d'ajustement pour passer de l'un à l'autre. Parfois, les deux images commencent par se superposer : on a alors l'impression que le tout-petit qui dort dans son berceau ressemble pile-poil à celui dont on avait rêvé. La conscience qu'il est différent ne s'installera que progressivement. Mais parfois, le décalage se fait jour dès les premières heures de la naissance. On fantasmait sur un poupon joufflu et on se retrouve avec une crevette gracile entre les bras. On se faisait une joie d'allaiter son tout-petit et voilà qu'il n'arrive pas à téter correctement. Ou alors on culpabilise de penser tout bas qu'il ressemble à un petit singe. Cette désillusion est quasi inévitable, à un moment ou à un autre de l'aventure parentale, même si elle ne cadre guère avec les déclarations enthousiastes qu'on lit dans la presse de jeunes mamans plus ou moins célèbres : « Je suis folle de mon bébé », « Depuis que je suis mère, ma vie a pris tout son sens », « Je nage en plein bonheur ». Oui, certes. Tout cela n'est sûrement pas faux, mais laisse dans l'ombre les petites misères et les grandes interrogations qui surgissent dans les premières semaines suivant la naissance. Le nourrisson qui débarque dans notre vie nous procure des émotions inouïes, mais aussi des déceptions nécessaires.

Quand le bébé et ses parents accordent leurs violons

Le sentiment maternel (ou paternel) ne s'impose pas forcément d'emblée comme une évidence. Le plus souvent, il se construit peu à peu à partir des relations qui se nouent au fil des jours. Les psychologues parlent d'un « accordage » affectif, comme on parle d'instruments de musique qui s'accordent ensemble avant de jouer une même partition. Parce qu'ils ne se connaissent pas encore bien, l'enfant et ses parents ne se comprennent pas toujours. Il faut parfois tâtonner, se tromper, avant de bien s'ajuster l'un à l'autre. Bref, devenir parents, ça s'apprend. Et cela s'apprend plutôt sur le tas que dans les livres : c'est l'expérience qui va vous amener à discerner les pleurs qui traduisent la fatigue et ceux qui expriment la faim ou la douleur. L'expérience aussi qui vous fera remarquer que votre bébé adore être bercé sur le ventre, mais déteste qu'on le porte en kangourou. Ou l'inverse ! C'est précisément parce que chaque enfant est différent que les conseils des experts n'ont qu'une valeur toute relative. Il n'y a pas une seule bonne manière de s'occuper des bébés, mais autant de façons de faire qu'il existe de tempéraments, de cultures, de situations.

Le problème, c'est que notre angoisse de mal faire et d'être de mauvais parents nous conduit parfois à rechercher *la* recette infaillible pour bien s'occuper de notre bébé. Et de préférence, en le rendant beau, intelligent, drôle et équilibré. Attente confortée par les valeurs de notre monde contemporain, qui fait de l'enfant l'accessoire de la réussite, donc le support du narcissisme adulte.

Objectif zéro défaut

Cette culture de l'enfant parfait va se manifester dès la grossesse, examinée à la loupe, radiographiée, auscultée sous toutes ses coutures pour ne pas laisser passer le vice caché qui pourrait tout gâcher. Reconnaissons à cette hypermédicalisation l'avantage de limiter en France le nombre de naissances d'enfants très lourdement handicapés, dont la vie aurait sans nul doute tenu du calvaire. Mais cet indéniable progrès n'est pas dénué d'effets pervers : il contribue en effet à instiller l'idée qu'on peut, avec de l'attention et un comportement adéquat, obtenir un enfant sans défauts. La responsabilité de la mère est engagée dans ce fantasme collectif : défense pour elle de fumer et de boire de l'alcool, défense de manger certains aliments pour éviter la toxoplasmose, défense de prendre trop de poids, défense de s'exposer au soleil, défense d'avaler des médicaments… La grossesse devient ce temps sous surveillance où la femme se doit d'être irréprochable. Et puisque tout est fait pour que cela se passe bien, le moindre accroc devient une catastrophe. Que le bébé naisse par exemple avec un poids relativement bas, elle se culpabilise aussitôt. Le pli est pris : elle est responsable de tout. Dévoiement subtil de la responsabilité parentale, cette notion à la fois légale et morale qui garantit à l'enfant d'être protégé. Mais doit-il être protégé de ses propres défauts ?

Quand le bébé grandit, la même dérive perfectionniste peut vite faire peser sur l'ambiance familiale une chape de béton armé. D'un côté, des parents stressés car soucieux de tout faire au mieux pour élever un enfant dont ils puissent être fiers. De l'autre, un petit d'homme en pleine construction, qui a besoin de grandir à son rythme. Certes, le fait de placer des espoirs, des attentes, des désirs dans son enfant est non seulement normal, mais aussi souhaitable : dès ses premiers mois, il est porté et stimulé par cette image positive que lui renvoient en miroir ses parents. Ce sont ces représentations qui vont lui permettre de se construire. Mais si les attentes parentales placent la barre trop haut, l'enfant va souffrir de ne pouvoir y répondre.

Un autre regard sur le bébé

Si en Occident, la naissance d'un enfant est considérée comme l'aboutissement d'un acte volontaire, fruit de l'union entre un homme et une femme qui s'aiment, il n'en est pas de même partout. Beaucoup d'ethnies, notamment en Afrique noire, considèrent que le bébé est un hôte de passage, qui s'invite lui-même dans la famille de son choix et qu'il faut traiter avec égards. En attendant de naître, ce petit étranger vit dans un autre monde. C'est parce qu'il est attiré par le bruit et les rires émis par les hommes qu'il décide de sortir des ténèbres, à la recherche d'un ventre hospitalier. Souvent donc, ses parents ne sont pas vus comme les seuls géniteurs de l'enfant. De quoi les décharger d'une partie du poids des responsabilités qui pèsent sur leurs épaules...

Qu'avons-nous raté ?

Un enfant n'est pas un objet que l'on fabrique de façon rationnelle, mais un être humain traversé d'émotions et de langages, construit par une histoire, porté par un tempérament. On aura beau appliquer scrupuleusement les conseils des manuels de puériculture et des magazines spécialisés, il ne poussera pas toujours comme on l'aurait voulu. Peut-être sera-t-il timide, s'adaptera-t-il mal à l'école, n'aimera-t-il pas le sport (ou la lecture, la musique, les jeux vidéo), n'aura-t-il pas beaucoup de copains… Bref, il ne satisfera pas nécessairement aux canons de l'enfant souriant-dynamique-épanoui et bien dans ses baskets, que la société attend de nous. Pour ceux qui avaient imaginé que cet enfant-là les éclabousse de son aura étincelante, la réalité sera alors vécue comme un échec. Certains s'en sentiront coupables : « Qu'avons-nous raté ? » ; d'autres, plus rarement, victimes : « Qu'est-ce que j'ai fait pour avoir un enfant comme ça ? » Dans un cas comme dans l'autre, c'est oublier que nos enfants ne sont pas là pour satisfaire notre narcissisme. Mieux vaut les accepter tels qu'ils sont et non tels qu'on voudrait qu'ils soient. Et les accompagner dans la difficile aventure qui consiste à grandir. Pas toujours facile, mais diablement plus intéressant ! Cet enfant qui nous pose problème va en effet nous faire bouger, questionner nos certitudes et contribuer à nous faire mûrir.

Laisser advenir la surprise

Un peu tôt pour vous parler de tout cela, alors que vous en êtes seulement à vous questionner sur le bien-fondé de faire un bébé ? Pas si sûr. Car vos interrogations d'aujourd'hui préfigurent peut-être celles de demain. Bien sûr, avant d'avoir un enfant, il est indispensable d'avoir cheminé intérieurement pour savoir si on pourra réellement lui faire de la place. Personne d'autre que vous ne peut effectuer ce trajet intime et personnel. Mais la maturation du projet, si précieuse, si utile, ne doit pas se transformer en exigence excessive. Si votre objectif est d'accueillir votre enfant dans un environnement idéal, peut-être pouvez-vous commencer dès aujourd'hui à vous défaire de ce modèle un rien tyrannique. Vous y gagnerez en décontraction et en souplesse.

Être prêt à faire un bébé, c'est au fond comprendre... qu'on n'est jamais vraiment prêt ! Quelles que soient les balises que vous aurez posées au préalable pour vous rassurer, les choses ne se passeront pas exactement comme vous l'avez prévu. L'enfant s'imposera tel qu'il est, dans son irréductible singularité. Il vivra des instants de bonheur mais il traversera aussi fatalement des épreuves qui le construiront. Il vous étonnera sans doute par ses qualités, vous irritera parfois par ses défauts, vous apprendra souvent des choses sur vous-même que vous ne soupçonnez même pas. Dans cette histoire, rien n'est écrit. Tout reste à inventer. C'est précisément cette incertitude qui donne toute sa saveur à l'aventure parentale. Le goût inimitable de la surprise...

Ils ont dit…

« *Les enfants sont des énigmes lumineuses.* » (Daniel Pennac, *Messieurs les enfants*)

« *L'enfant est à l'adulte ce que la fleur est au fruit. La fleur n'est pas certitude du fruit.* » (Christian Bobin, *Le Très-Bas*)

CONCLUSION

Un bébé, oui ou non ? Pour clore ces pages, nous aimerions avoir une pensée fugitive et affectueuse pour celles et ceux qui ont permis que cette question puisse se poser. La diffusion de la contraception et la légalisation de l'avortement nous font en effet dépositaires d'un trésor inestimable : la liberté. Liberté de choisir la vie qui nous convient. Liberté d'avoir une sexualité épanouie sans crainte d'en payer le prix. Liberté de ne pas avoir d'enfant si on le souhaite. Liberté de changer d'avis et d'envie. Liberté de décider du moment pour devenir parents. À nous de nous en emparer : la liberté ne s'use que si l'on ne s'en sert pas. Certes, il reste encore et toujours bien des progrès à faire dans ce domaine. Mais grâce à cette lutte dont on a parfois oublié aujourd'hui l'âpreté, la majorité des jeunes couples peuvent se poser la question de savoir s'ils souhaitent faire un enfant ou non.

Alors évidemment, ce choix-là n'est pas toujours

confortable. Mais il est aussi bigrement passionnant. Il oblige à réfléchir, à s'interroger, à grandir. Comme le remarquait Périclès il y a plus de deux mille ans : « Il n'est point de bonheur sans la liberté ni de liberté sans courage. »
À vous qui vous apprêtez à user de cette liberté magnifique de faire ou de ne pas faire un bébé, quelle que soit la voie que vous choisirez… bon courage !

BIBLIOGRAPHIE

Antoine Corinne, *La Révolution intérieure, psychologie de la grossesse et de la maternité*, Larousse, 2007.

Ben Soussan Patrick, *Le Bébé imaginaire*, Érès, 1999.

Bydlowski Monique, *La Dette de vie, itinéraire psychanalytique de la maternité*, PUF, 1997.

Clerget Stéphane, *Quel âge aurait-il aujourd'hui ? Le tabou des grossesses interrompues*, Fayard, 2007.

Geberowicz Bernard, Barroux Colette, *Le Baby-clash, le couple à l'épreuve de l'enfant*, Albin-Michel, 2005.

Regnier-Loilier Arnaud, *Avoir des enfants en France, désirs et réalités*, INED, 2007.

ADRESSES UTILES

– Pour toutes les questions portant sur la sexualité, la contraception et l'avortement, deux numéros verts

ont été mis en place par les pouvoirs publics :
Tél. : 0800 803 803 pour le Nord de la France ;
Tél. : 0800 105 105 pour le Sud de la France.

– Les centres de planification et d'éducation familiale (CPEF) sont des structures publiques d'accueil, d'écoute et d'information ; ouvertes à tous, elles proposent, outre des informations sur la sexualité, la contraception et l'avortement, des consultations gratuites (ouvertes aussi aux mineures), ainsi que du conseil conjugal. Pour trouver le CPEF ou le centre d'orthogénie le plus proche de chez vous, consultez : www.sante-jeunesse-sports.gouv.fr

– Le Mouvement français pour le planning familial (MFPF) est une association qui milite depuis plus de 50 ans pour le droit des femmes à maîtriser leur fécondité. Présent dans 70 départements, il propose des permanences d'accueil ainsi que des services d'orthogénie. Adresses disponibles : www.planning-familial.org

– L'Association nationale des centres d'interruption de grossesse et de contraception (ANCIC), fondée

en 1979, propose sur son site Internet des dossiers thématiques et des adresses sur tout ce qui concerne la maîtrise de la fécondité, la contraception et l'IVG. Renseignements :
www.ancic.asso.fr

– L'Association française pour la contraception (AFC) propose sur son site Internet un guide sur la contraception. Renseignements :
www.contraceptions.org

TABLE DES MATIÈRES

Chapitre 3.
Quelques bonnes (et moins bonnes) raisons d'avoir un enfant

Chapitre 4.
Est-ce le bon moment ?

Chapitre 5.
Un bébé, ça se fait à deux !

Chapitre 6.
Un désir sans cesse questionné

Dans la même collection

L'Art de la lenteur

Satisfaits ou divorcés

Travailler sans dérouiller

Éloge de la déprime

100 % parents, 100 % couple

À paraître

Séparé mais pas brisé

Achevé d'imprimer sur les presses
de l'Imprimerie France Quercy
en France
d'après montages et gravure numériques
(Computer To Plate)
Dépôt légal : 3e trimestre 2008
Numéro d'impression : 81482